DROEMER

Über den Autor und das Buch:

Alexei Nawalny ist die unbeugsame Stimme der Opposition gegen den russischen Machtapparat unter Wladimir Putin. 2020 überlebte er nur knapp einen Giftanschlag durch den russischen Geheimdienst und wurde in Deutschland behandelt. Obwohl ihm in seiner Heimat die Verhaftung drohte, kehrte er im Januar 2021 nach Moskau zurück, wurde noch am Flughafen festgenommen und im Anschluss vor Gericht gestellt. Dieses Buch versammelt jene vier Reden, die er vor seiner Verurteilung zu mehreren Jahren Straflager hielt. Sie sind ein flammender Appell für Gerechtigkeit, Menschenwürde und ein anderes, freies und glückliches Russland.

ALEXEI NAWALNY SCHWEIGT NICHT!

REDEN VOR GERICHT

Transkribiert, aus dem Russischen
übersetzt und kommentiert von
Dr. Alexandra Berlina

Mit einem Vorwort von
Gerhart Baum

DROEMER

Die Reden von Alexei Nawalny im russischen Original
sind von öffentlich zugänglichen Videoaufnahmen transkribiert worden.
Diese sind (Stand 15.06.2021) unter diesen Links abrufbar:
www.youtube.com/watch?v=oRRnj835SdI
www.navalny.com/p/6462/
www.navalny.com/p/6469/

Besuchen Sie uns im Internet:
www.droemer.de

Deutsche Erstausgabe August 2021

Aus dem Russischen von Dr. Alexandra Berlina

Redaktion (deutsche Texte): Claudia Schlottmann

Covergestaltung: Isabella Materne
Foto in Innenteil: Peter Rigaud / laif
Satz: Adobe InDesign im Verlag
Druck und Bindung: CPI books GmbH, Leck
ISBN 978-3-426-27880-2

4 5 3

INHALT

VORWORT VON GERHART BAUM

Lange ist es her. Perestroika und Glasnost prägten Russland um 1990. Das Land konnte wieder frei atmen, die Sowjetdiktatur verschwand. Ich war oft im Lande, 1966 zum ersten Mal. Und dann in den 90er Jahren. Freiheit war wieder möglich, keine Bespitzelung, keine Zensur, freies Unternehmertum, Freiheit der Religion, Versammlungs-, Meinungs- und Pressefreiheit. Das Land fand zu sich selbst. Es blühte auf – demokratisch, kulturell, zunächst auch ökonomisch. Dann ging es allerdings unter Jelzin mit der Wirtschaft steil bergab.

Weltpolitisch überraschte Gorbatschow Reagan, den amerikanischen Präsidenten, mit weitreichenden atomaren Abrüstungsvorschlägen. Russland zog sich aus Afghanistan zurück. Es respektierte die internationale Ordnung des Systems der Vereinten Nationen. Die Sowjetunion, die vorher oft wegen Menschenrechtsverletzungen von den Vereinten Nationen kritisiert worden war, kritisierte nun gemeinsam mit uns die Menschenrechtsverletzungen anderer Staaten. In dieser Phase russischer Politik gelang die Befreiung der DDR und der osteuropäischen Staaten. 2001 redete Putin im Deutschen Bundestag, und der spendete ihm stehend Beifall. In der Charta von Paris verpflichteten sich 1990 alle Staaten der historischen Helsinki-Konferenz, also alle Staaten von Vancouver über

Europa bis Wladiwostok, Frieden und Freiheitsrechte zu wahren und die Unverletzlichkeit der Grenzen zu respektieren.

Warum beschreibe ich das? Ich möchte widerlegen, dass Russland nicht zur Freiheit fähig ist. Die Menschen haben ihre Kultur, ihre Geschichte, ihren Nationalcharakter. Aber sie unterscheiden sich nicht von denen überall auf der Welt, die, wie Hannah Arendt sagt, »frei geboren sind, um frei zu sein«. Ich sage das auch als Sohn einer russischen Mutter, die mit ihrer Familie 1917 vor der Oktoberrevolution aus Moskau geflohen ist. Und diese freiheitsliebenden Menschen haben wir jetzt auch erlebt, bei den eindrucksvollen Demonstrationen, zu denen Nawalny aufgerufen hatte. Was für ein Mut gehörte dazu, frühmorgens zu einer Demonstration zu gehen – nicht wissend, ob man abends in einem Gefängnis gefoltert wird. Wie stark muss der Freiheitswille sein, der Kampf gegen Ungerechtigkeit, gegen Armut, Unterdrückung, die Missachtung des Bürgerwillens in freien Wahlen, gegen die unverschämte Anmaßung einer kleinen Clique, die das Land ausplündert und die Staatsorgane für ihre eigenen Zwecke instrumentalisiert – und dabei dreist behauptet, sie vertrete Russland.

Man lese in diesem kleinen Buch die jüngsten Reden von Alexei Nawalny vor Gericht. Es sind Plädoyers für die Freiheit. Plädoyers dafür, nicht zu schweigen, wenn so eklatantes Unrecht geschieht. Die Gerichtsreden Nawalnys sind eindrucksvolle Freiheitsdokumente – auch für nachgeborene Generationen, so wie die Reden Sacharows aus der Verbannung.

Wie konnte es dazu kommen, dass Putin-Russland immer autoritärer wurde nach innen und immer aggressiver nach außen? Wir im Westen, die wir angeblich nicht genug auf Moskaus Interessen eingegangen sind, wir sind wahrlich nicht der Grund. Auch wenn Putin sich zeitweise innenpolitisches Ansehen verschafft hat durch die völkerrechtliche Annexion der Krim: Das Regime steht auf tönernen Füßen. Es fürchtet das Volk. Die Regierenden sind nicht am Gemeinwohl orientiert, sondern bereichern sich. Das Land wird nicht entwickelt. Die Investitionen sind gering. Die Rüstungsausgaben und die Politik weltweiter Einmischung verschlingen Unsummen. Nawalny hat vor Gericht dargelegt, wie jämmerlich niedrig die Renten der Kriegsveteranen sind. Die junge Generation hat das Internet entdeckt, dadurch sind, trotz aller Abschottungsanstrengungen des Regimes, die Auswüchse der Korruption überall im Lande bekannt. Über 115 Millionen Mal ist der Film über Putins Palast am Schwarzen Meer bei Youtube aufgerufen worden. Nawalny hat den Mut, das alles offen anzusprechen und auch die dafür Verantwortlichen beim Namen zu nennen. Er fordert Putin persönlich heraus. Das Regime reagiert mit drakonischen Mitteln, um ihn, seine Mitstreiterinnen und Mitstreiter sowie seine Organisation zu vernichten. Aber sie werden das Feuer nicht zum Erlöschen bringen. Der neueste Schlag im Juni 2021 richtet sich gegen die Organisationen Nawalnys, sie werden als extremistisch eingestuft, und damit wird jede Unterstützung für sie zu einem Terrorakt – mit hohen Strafandrohungen. Das Regime unternimmt alles, um jede Opposition im Keim zu ersticken.

Noch vor einem Jahr war es möglich, dass ich mit der »Friedrich-Naumann-Stiftung für die Freiheit« der deutschen Liberalen das Land bereiste und auf der Grundlage meines ins Russische übersetzten Buches *Rettet die Grundrechte* mit Vertretern der Putin-kritischen Zivilgesellschaft diskutierte, unter anderem auch mit Nawalny – allerdings wurde ich schon mit dem Makel eines »ausländischen Agenten« versehen.

Und dann hat dieser Nawalny auch noch den Mut gehabt, nach dem Mordanschlag ins Land zurückzukehren, in ein Land, das den Menschen normalerweise nur die Alternative lässt, sich unterzuordnen oder zu emigrieren. Beides tut er nicht, wie es auch die charismatische Ikone der belarussischen Freiheitsbewegung, Maria Kalesnikawa, nicht getan hat. Sie zerriss ihren Pass, um ihre Abschiebung aus Belarus zu verhindern. Nun ist sie seit September 2020 in Haft.

Mit diesem Opfermut gewinnen beide zusätzliche Glaubwürdigkeit. Nawalny ist ein Symbol für den Freiheitswillen der Russen. Aber er und Maria Kalesnikawa sind mehr. Sie sind Menschenrechtsverteidiger – in einer Reihe mit vielen mutigen Menschen überall auf der Welt, die das persönliche Risiko, ihre Freiheit und gar ihr Leben zu verlieren, auf sich nehmen, wenn sie sich gegen die Verletzung der Menschenrechte wehren. Die Generalversammlung der Vereinten Nationen hat zu ihrem 50. Jubiläum 1998 feierlich eine »Deklaration zum Schutze der Menschenrechtsverteidiger« einstimmig verabschiedet. Diese wird von den Menschenrechtsverächtern mit Füßen getreten.

Was können wir tun, was müssen wir tun? Das Schlimmste auch im Fall Nawalny ist das Vergessen, dass also die freie Welt sein Schicksal nicht mehr wahrnimmt. Das darf nicht passieren. Wir müssen mahnen und fordern. Die Forderung nach seiner bedingungslosen Freilassung muss aufrechterhalten und immer wieder laut artikuliert werden – bei jeder Gelegenheit, in jedem Gespräch mit Putin. Der Druck darf nicht weichen. Auch nicht der Druck auf Russland wegen seines völkerrechtswidrigen Verhaltens in der Welt – mit eklatanten Verstößen gegen das internationale Recht, wie zuletzt bei der Flugzeugentführung in Belarus mit Billigung des Kremls, um einen oppositionellen Journalisten festnehmen zu können, der sogleich gefoltert wurde.

Wir sollten alle rechtlichen Möglichkeiten nutzen, Verantwortliche strafrechtlich zur Rechenschaft zu ziehen. Das Völkerstrafrecht gibt uns und anderen Staaten das Recht, unter bestimmten Voraussetzungen Befehlsempfänger, also Richter, Staatsanwälte, Gefängnis- und Polizeipersonal, in Rechtsstaaten vor Gericht zu bringen. Davon sollte mehr Gebrauch gemacht werden. Wo es sinnvoll erscheint, auch von nationaler Strafverfolgung jenseits des Völkerstrafrechts. Internationale Haftbefehle gegen Befehlsempfänger sind opportun, wo Diktatoren die Begehung schwerer und schwerster Straftaten befehlen – wie im Fall der Flugzeugentführung in Belarus.

Diplomatische und politische Beziehungen sind unverzichtbar, aber nur, wenn die Situation offen zum Thema gemacht wird, wie Biden das tut. Die Verbesserung der Beziehungen bleibt ein Ziel. Sogenannte Russland-Versteher verharmlosen das Putin-Regime. Wir sollten das Regime so verstehen, wie Nawalny es versteht. Und nicht schweigen. Das sind wir ihm und den vielen Freiheitswilligen in Russland schuldig.

Köln, Juni 2021

»HABT KEINE ANGST – GEHT AUF DIE STRASSE!«

Verhandlung gegen Alexei Nawalny wegen des Vorwurfs von Verstößen gegen Bewährungsauflagen im Fall Yves Rocher – Verhandlung über die Sicherungshaft, abgehalten in der Polizeiabteilung des Innenministeriums in Chimki, 18. Januar 2021

Am 20. August 2020 fühlte sich Alexei Nawalny während eines Fluges von der sibirischen Stadt Tomsk nach Moskau auf einmal unwohl. Als sich sein Zustand dramatisch verschlechterte, wurde das Flugzeug zwecks Notlandung nach Omsk umgeleitet, wo Nawalny in einem Krankenhaus das Bewusstsein verlor. Nach einigem Hin und Her erlaubten die Behörden den Transport des Komapatienten per Spezialflugzeug nach Deutschland (Nawalnys späterer Aussage zufolge hatte die russische Regierung gehofft, dass zu dem Zeitpunkt die Spuren in seinem Körper nicht mehr nachweisbar sein würden). Er wurde in der Charité in Berlin behandelt.

Am 2. September 2020 gab die deutsche Bundesregierung bekannt, es sei toxikologisch eindeutig nachgewiesen worden, dass Nawalny mit Nowitschok vergiftet wurde – einem in der Sowjetunion entwickelten Nervenkampfstoff, der auch schon gegen andere Regimegegner eingesetzt wurde. Dies bestätigte auch die Organisation für das Verbot chemischer Waffen OPCW mit Sitz in Den Haag. Am 14. Dezem-

ber 2020 veröffentlichten The Insider, Bellingcat, CNN *und* Der Spiegel *eine gemeinsame Recherche, die zu dem Ergebnis kam, dass Agenten des russischen Inlandsgeheimdienstes FSB hinter dem Attentat steckten.*

*Nach einigen Wochen in Berlin verbesserte sich Nawalnys Zustand; er erwachte aus dem Koma, lernte wieder laufen und sprechen und wurde am 22. September 2020 aus dem Krankenhaus entlassen. Noch in Deutschland, während seiner medizinischen Rehabilitation, rief er einen der mutmaßlich in seine Vergiftung verwickelten Agenten an. Nawalny stellte sich als Mitarbeiter eines Mitglieds des russischen Sicherheitsrates und Putin-Vertrauten vor und brachte den Mann am Telefon dazu, die Tat zu bestätigen. Im gleichen Zeitraum produzierten Nawalny und seine Stiftung einen Videobericht über einen Palastkomplex an der russischen Schwarzmeerküste nahe der Stadt Gelendschik: komplett mit Arboretum, Amphitheater, Kunsteisarena, Kapelle, Tankstelle, einer achtzig Meter langen Brücke, diversen unterirdischen Anlagen und jeder Menge Vergoldung. Laut den Recherchen von Nawalny und seinem Team wurde der Palast für Putins persönliche Nutzung gebaut; zu demselben Ergebnis waren zuvor auch schon andere investigative Journalist*innen gekommen. Von offizieller Seite gibt es dazu keinerlei Informationen. Nawalny ließ das entlarvende Video erst zwei Tage nach seiner Rückkehr nach Russland veröffentlichen, um zu zeigen, dass er die Konfrontation mit dem Präsidenten nicht scheute. Das Gespräch mit dem Agenten, der ihn hatte töten wollen, und der Bericht über Putins Palast sind online mit englischen oder deutschen Untertiteln verfügbar.*[1] *Zwischen Januar* *und Ende Mai 2021 hatte das erste Video beinahe 117 Millionen Zuschauer*innen, das zweite fast 29 Millionen.*

*Am 17. Januar 2021 flog Nawalny nach Russland zurück und wurde gleich bei der Passkontrolle festgenommen. Nach Mitternacht fanden seine Mitstreiter*innen heraus, wohin er vom Flughafen aus gebracht worden war: in die Polizeiabteilung des Innenministeriums in Chimki, einer Stadt unmittelbar vor der nordwestlichen Stadtgrenze Moskaus. Seiner Anwältin Olga Michailowa wurde es verwehrt, den in Gewahrsam Genommenen zu sehen.*

Am 18. Januar 2021 fiel der Beschluss über die Verhängung einer Sicherungshaft für die Dauer von 30 Tagen – und zwar wegen Verstoßes gegen Bewährungsauflagen, die sich auf eine frühere Verurteilung wegen angeblichen Betrugs und Geldwäsche bezogen. Und das, obwohl diese Verurteilung vom Europäischen Gerichtshof für Menschenrechte längst für willkürlich erklärt worden war. Amnesty International, viele andere Menschenrechtsorganisationen sowie mehrere Staaten forderten vergeblich Nawalnys Freilassung.

In der Pause der Hauptverhandlung hat Alexei Nawalny folgende Rede aufgezeichnet. Wie bei allen Reden in diesem Buch handelt es sich auch hier um die übersetzte Transkription eines Videos. Das Video wird auf YouTube von Nawalny selbst schriftlich kommentiert; der vorletzte Satz ist ein nicht gekennzeichnetes Zitat von Edmund Burke:

»Wenn Sie sich dieses Video ansehen, habe ich es tatsächlich geschafft, etwas bei dem erstaunlichsten ›Prozess‹ aufzunehmen, den ich je erlebt habe. Und ich habe eine Menge

erlebt. Was ich vor allem sagen will, ist dies: Wenn wir etwas zu befürchten haben, dann sind es zwei Dinge:

1. unsere eigene Angst,

2. die Aussicht, unser ganzes Leben unter der Herrschaft der Diebe und Schurken zu verbringen, die sich unser Land unter den Nagel gerissen haben.

Sie rauben uns unsere Gegenwart, sie stehlen uns unsere Zukunft. Diese Verluste sind unersetzlich. Solange wir nicht alle handeln, wird uns nicht geholfen; niemand wird uns retten. Das Einzige, was das Böse zu seinem Triumph braucht, ist die Untätigkeit guter Menschen. Bleibt nicht untätig!«

»Wovor fürchtet sich diese Kröte, die da auf dem [Öl- und Gas-]Rohr sitzt?[1] Wovor haben diese Diebe in ihren Bunkern am meisten Angst?[2] Ihr wisst es selbst! Sie haben Angst davor, dass die Menschen auf die Straße gehen. Denn das ist ein politischer Faktor, der nicht ignoriert werden kann. Das ist das Wichtigste, das Entscheidende. Das ist die Essenz der Politik. Habt also keine Angst – geht auf die Straße! Tut es nicht für mich: Tut es für euch selbst, für eure Zukunft.[3]

Das Seltsame ist: Hier sitze ich, mit der Fahne der Russischen Föderation hinter mir – aber was hier passiert, hat überhaupt nichts mit den Gesetzen der Russischen Föderation zu tun, und jeder hier Anwesende weiß das. Dieser Polizist hier, der andere Polizist dort drüben, alle, die hier anwesend sind, wissen es.

Die Diebesbande, die seit zwanzig Jahren das Land ausplündert, sagt damit mir und allen anderen, die nicht schweigen wollen: ›Wir haben versucht, dich zu töten. Du bist aber nicht tot. Das ist für uns ein Affront, also stecken wir dich ins Gefängnis.‹ Und gleich wird eine Frau in schwarzer Robe kommen, die sich als Richterin ausgibt, und mich einsperren lassen, wohl wissend, dass das alles vollkommen illegal ist. Aber wir wollen jetzt mal überlegen, warum sie das tun. Warum haben sie mein Flugzeug anderswo landen lassen?[4] Warum haben sie diesen Prozess so feige direkt hier im Polizeirevier angesetzt? Warum haben sie niemanden reingelassen? Warum passiert alles so eilig? Warum weiß niemand von diesem Prozess? Ist das so, weil ihre Beliebtheitswerte so hoch sind? Weil sie mächtig sind?

Nein, das ist so, weil dieser diebische Opa[5] in seinem Bunker sitzt und vor Angst schlottert. Sie haben Angst. Nur deshalb passiert alles so eilig, so heimlich, still und leise. Sie haben Angst – und zwar vor euch. Sie haben Angst vor Menschen, die nicht mehr bereit sind, alles schweigend hinzunehmen, vor Menschen, die ihre Macht erkennen und begreifen, dass niemand sie aufhalten kann. Vor Menschen, die fragen: ›Warum soll sich ganz Russland so einem Putin, einem Setschin[6], irgendwelchen Rotenbergs[7], diesem Haufen monströser Gauner unterwerfen?‹ Sobald wir das begreifen und auf die Straße gehen, wird das alles aufhören; es wird sich in Luft auflösen. Jeden Tag verlieren wir Möglichkeiten, die wir heute noch haben; jeden Tag verlieren wir ein Stück Zukunft. Seit zwanzig Jahren ist das schon so.[8] Seit zwanzig Jahren werden wir immer ärmer, unser Land degeneriert; unsere Bildung wird immer schlechter; unsere Gesundheitsversorgung wird immer miserabler.[9]

Niemand außer uns kann das aufhalten. Deshalb rufe ich euch auf: Schweigt nicht! Leistet Widerstand! Geht auf die Straße! Niemand außer uns kann uns schützen. Und wir sind so viele: Wenn wir etwas wirklich erreichen wollen, schaffen wir es auch. «

»WLADIMIR DER UNTERHOSENVERGIFTER: SO GEHT ER IN DIE GESCHICHTE EIN«

Verhandlung gegen Alexei Nawalny wegen des Vorwurfs von Verstößen gegen Bewährungsauflagen im Fall Yves Rocher – Hauptverhandlung vor dem Bezirksgericht Simonowski (Moskau), 2. Februar 2021

Ende 2012 reichte die russische Tochtergesellschaft des Kosmetikunternehmens Yves Rocher bei dem Ermittlungskomitee der Russischen Föderation eine Anzeige gegen ein russisches Unternehmen, das unter der mittelbaren Kontrolle von Alexei Nawalny und Oleg Nawalny stand, ein (im Folgenden steht »Yves Rocher« immer für jene Tochtergesellschaft). Am selben Tag wurde ein Ermittlungsverfahren eingeleitet. Dem Politiker Alexei Nawalny, der bereits damals eine prominente Oppositionsfigur war, sowie seinem Bruder Oleg wurde vorgeworfen, Yves Rocher bei der Erbringung von Dienstleistungen im Zeitraum zwischen 2008 und 2012 betrogen zu haben. Es gibt viele Hinweise darauf, dass es Ermittlungsbehörden waren, die das Unternehmen ursprünglich zu der Verdachtsanzeige aufgefordert hatten. Noch vor Prozessbeginn reichte Yves Rocher aus eigener Initiative eine Stellungnahme ein: Eine interne Ermittlung habe ergeben, dass dem Unternehmen kein Schaden entstanden sei. Die Rücknahme der Anzeige durch den Anzeigensteller hinderte jedoch die Ermittlungsbehörden nicht daran, das Verfahren fortzuführen.

2013 wurden die Konten der Nawalny-Brüder eingefroren; Ende 2014 wurden die beiden trotz öffentlicher Proteste und Kritik seitens verschiedener Menschenrechtsorganisationen des Betrugs und der Geldwäsche für schuldig befunden. Alexei wurde zu einer Freiheitsstrafe auf Bewährung von dreieinhalb Jahren mit einem Bewährungszeitraum von fünf Jahren verurteilt, Oleg zu dreieinhalb Jahren Gefängnis ohne Bewährung und beide jeweils zu einer Geldstrafe in Höhe von 500 000 Rubel. Ein Berufungsgericht beließ das Urteil Anfang 2015 bis auf die Geldstrafe von Alexei Nawalny unverändert. Während Oleg Nawalny seine Gefängnisstrafe abbüßte, musste Alexei Auflagen erfüllen und sich insbesondere regelmäßig bei den Behörden melden. 2017 wurde sein Bewährungszeitraum bis Ende 2020 verlängert.

In der Zwischenzeit wandten sich die Brüder Nawalny an den Europäischen Gerichtshof für Menschenrechte. Dieser befand 2017, dass das ursprüngliche Urteil jeglicher Grundlage entbehre, und sprach den Verurteilten Schadenersatz zu. Nun geschah etwas Seltsames: Das Geld wurde tatsächlich vom russischen Staat an Nawalny ausgezahlt, die Verurteilung blieb jedoch in Kraft. Das Oberste Gericht der Russischen Föderation entschied nämlich im Folgejahr, dass die unterinstanzlichen Entscheidungen nicht gegen russisches Recht verstießen und damit rechtskräftig blieben.

Am 28. Dezember 2020, als Nawalny sich nach dem Giftanschlag und seiner Behandlung an der Charité noch in Deutschland befand, erklärte die russische Bundesstrafvollzugsbehörde, er habe sich am nächsten Tag in Moskau einzufinden, andernfalls werde seine Bewährungsstrafe in eine

Haftstrafe umgewandelt. Als Begründung wurde ein in der medizinischen Fachzeitschrift The Lancet *eine Woche zuvor veröffentlichter Fallbericht angegeben: Dort dokumentierten Ärzte der Charité Nawalnys Krankheitsverlauf und erwähnten unter anderem, dass er am 20. September 2020 aus dem Krankenhaus entlassen worden und seit Oktober beinahe symptomfrei sei. Nachdem am 18. Januar 2021 über Nawalnys Verhaftung bei der Einreise entschieden worden war, fand am 2. Februar 2021 die Hauptverhandlung zum Verstoß gegen Bewährungsauflagen im Fall Yves Rocher statt. Es folgt die Stellungnahme von Alexei Nawalny nach der Beweisaufnahme durch das Gericht.*

»Ich möchte zunächst eine juristische Frage erörtern, die mir entscheidend vorkommt und die bisher unter den Tisch gefallen ist. Es mutet ja doch etwas seltsam an: Hier sitzen zwei Personen, und die eine sagt: ›Stecken wir Nawalny ins Gefängnis, weil er am Donnerstag statt am Montag erschienen ist.‹ Darauf die andere: ›Nein, stecken wir Nawalny ins Gefängnis, weil er nicht unmittelbar, nachdem er aus dem Koma erwacht war, zu seinem Bewährungstermin gekommen ist.‹ Und so geht diese Diskussion weiter – ob Montag oder Donnerstag, wer wann welche Papiere hätte schicken sollen etc.[1]

Aber lassen Sie mich mal einen kleinen Elefanten hier im Raum erwähnen. Ich möchte, dass alle – die Presse, die über diesen Prozess schreibt, und auch alle anderen – be-

denken: Es geht darum, mich wegen einer Sache einzusperren, in der ich bereits für unschuldig befunden wurde, ja, wegen eines erwiesenermaßen fingierten Falles.

Das ist nicht einfach nur meine persönliche Meinung. Wenn wir ein beliebiges Strafrechtslehrbuch aufschlagen – ich hoffe, Euer Ehren, Sie haben das in Ihrem Leben ein paar Mal gemacht –, sehen wir, dass der Europäische Gerichtshof für Menschenrechte zum russischen Justizsystem gehört, da Russland Mitglied des Europarats ist. Die Urteile des EGMR sind bindend. Ich habe mich an den Europäischen Gerichtshof gewandt und alle notwendigen Stufen des Prozesses durchlaufen, und der Europäische Gerichtshof hat eine Erklärung abgegeben, in der schwarz auf weiß steht: Es gibt nicht einmal einen Straftatbestand. Der Fall, wegen dem ich mich in diesem seltsamen Käfig[2] befinde, ist von Anfang bis Ende fingiert. Nicht nur das, die Russische Föderation hat diese Entscheidung im Grunde anerkannt – wenn auch nur halbherzig –, denn ich habe wegen des EGMR-Urteils sogar eine Entschädigung erhalten.

Trotzdem saß mein Bruder in dieser Sache dreieinhalb Jahre im Gefängnis – ich wiederhole, nachdem das Ganze offiziell als fingiert anerkannt worden war, und zwar von einem Gericht, dessen Urteile in Russland bindend sind. Ich habe in dieser Sache ein Jahr unter Hausarrest gestanden. Eine Woche bevor dieser auslief, wurde ich verhaftet, vor Gericht gebracht – ohne richtigen Anwalt, mir wurde ein Pflichtverteidiger aufgezwungen –, und dann wurde mein Hausarrest um ein weiteres Jahr verlängert.

Wir wollen mal ein wenig rechnen. 2014 wurde ich zu dreieinhalb Jahren Haft auf Bewährung verurteilt. Jetzt schreiben wir das Jahr 2021, aber ich stehe immer noch vor Gericht. Ich bin bereits als unschuldig anerkannt worden; es gibt überhaupt keinen Straftatbestand. Trotzdem bemüht sich unser Staat mit geradezu manischer Sturheit, mich in dieser Sache ins Gefängnis zu stecken.

Warum gerade in dieser Sache? An Strafverfahren gegen mich mangelt es sicher nicht, ein weiteres wurde gerade erst eröffnet.[3] Aber jemand wollte, dass ich sofort nach meiner Rückkehr verhaftet werde; jemand wollte unbedingt, dass ich keinen einzigen Schritt als freier Mensch in unserem Land mache. Er wollte, dass ich zu einem Gefangenen werde, sobald ich die Grenze überquere. Und wir wissen alle, wer das war. Wir wissen, warum das passiert ist. Grund dafür sind der Hass und die Angst eines Menschen, der im Bunker lebt. Schließlich habe ich ihn tödlich beleidigt: Ich habe überlebt, obwohl man mich auf seinen Befehl hin umzubringen versucht hat.

Staatsanwältin Frolowa: Ich beantrage, Nawalny zur Ordnung zu rufen.

Mich brauchen Sie nicht zur Ordnung zu rufen. Zum wiederholten Male, Euer Ehren: Will diese Staatsanwältin mich jetzt daran hindern, meine Meinung zu sagen?

Richterin Repnikowa: Ich erinnere Sie daran, dass wir den Widerruf einer Strafaussetzung prüfen. Wir befassen uns in diesem Prozess mit keinen anderen angeblichen Straftaten. Die Angelegenheit, um die es hier geht, ist der Widerruf einer vom Bezirksgericht Moskau-Samoskworetschje ausgesprochenen Bewährung. Ich bitte Sie, bei der Sache zu bleiben.

Das tue ich, Euer Ehren. Ich äußere meine Meinung zu dieser Sache in voller Übereinstimmung mit dem Gesetz. Dass eine Vertreterin der Staatsanwaltschaft mich immer wieder unterbricht und zum Schweigen zu bringen versucht, veranschaulicht übrigens gut, was hier vor sich geht. Was ich sage, hat unmittelbar mit dem zu tun, was hier geschieht. Nun, machen wir weiter.

Ich habe ihn tödlich beleidigt, indem ich überlebt habe – dank guter Menschen, dank Piloten und Ärzten. Dann habe ich ihn noch ärger beleidigt: Nicht nur bin ich am Leben geblieben, ich habe mich auch nicht versteckt, habe mich nicht irgendwo in einen bewachten Bunker verzogen – einen kleineren, meinen Mitteln entsprechend. Und schließlich kam es noch schlimmer: Nicht nur bin ich am Leben geblieben und habe mich nicht einschüchtern lassen – ich habe mich auch noch an Recherchen zu meiner eigenen Vergiftung beteiligt, und wir konnten beweisen, dass es Putin war, der mithilfe des Föderalen Sicherheitsdienstes das Attentat verübt hat.[4] Ich war auch nicht sein einziges Opfer.[5] Viele wissen das inzwischen, und viele andere werden es erfahren, und das treibt den diebischen kleinen Mann im Bunker in den Wahnsinn. Diese Enthüllung, dass das alles jetzt an die Öffentlichkeit kommt, verstehen Sie?

Da ist nichts mit hohen Beliebtheitswerten und allgemeiner Unterstützung. Wir wissen jetzt: Um einen politischen Gegner zu bekämpfen – einen, der keinen Zugang zum Fernsehen besitzt und nicht einmal eine politische Partei hinter sich hat[6] –, muss man einfach versuchen, ihn mit einer chemischen Waffe umzubringen. Natürlich dreht er durch: Jetzt können ja alle sehen, dass er nur ein Bürokrat ist, der zufällig zum Präsidenten gemacht wurde, ein Mann, der nie an irgendwelchen Debatten oder Wahlen teilgenommen hat.[7] Das ist also seine einzige Kampfmethode: Er versucht, Menschen zu töten.

Und er mag ja so tun, als wäre er ein großer Geopolitiker, ein großer internationaler Leader – mein Affront ist vor allem, dass er nun als Vergifter in die Geschichte eingehen wird. Wir hatten Alexander den Befreier, wir hatten Jaroslaw den Weisen, und jetzt haben wir Wladimir den Unterhosenvergifter.[8] So geht er in die Geschichte ein.

Gelächter. Versuche, Nawalny zu unterbrechen.

Euer Ehren, das hat doch unmittelbar mit der Sache zu tun! Hier stehe ich, bewacht von der Polizei; die Nationalgarde[9] ist hier, und halb Moskau ist abgesperrt, weil der kleine Mann im Bunker durchdreht – und er dreht durch, weil wir bewiesen haben, dass seine ganze Geopolitik darin besteht, Besprechungen abzuhalten, bei denen er beschließt, seinen politischen Gegnern die Unterhosen zu klauen und sie in mörderischer Absicht mit Chemikalien zu beschmieren.

Das Wichtigste an diesem Prozess ist nicht, wie er für mich ausgeht, ob ich ins Gefängnis komme oder nicht. Es ist einfach genug, mich ins Gefängnis zu bringen, in dieser oder einer anderen Sache. Das Wichtigste ist, warum es passiert – es passiert, um möglichst vielen Menschen Angst einzujagen. Denn so funktioniert das: Einer wird eingesperrt, um Millionen andere einzuschüchtern. Zwanzig Millionen Menschen leben unter der Armutsgrenze, zig Millionen haben keinerlei Zukunftsperspektive. Zig Millionen in unserem Land sind genau diejenigen, über die wir sagen: ›Tja, in Moskau geht's noch, aber hundert Kilometer weiter – na dann, gute Nacht!‹[10] Unser ganzes Land lebt in dieser ›Nacht‹, ohne auch nur die geringste Perspektive, mit 20 000 Rubeln [im Monat].[11] Und das Land schweigt; Schauprozesse wie dieser sind ein Versuch, den Menschen den Mund zu verbieten. Diesen einen einsperren, um Millionen einzuschüchtern. Und wenn ein paar es wagen, auf die Straße zu gehen, sperren sie noch fünf Leute ein, um fünfzehn Millionen weitere einzuschüchtern.

Das Wichtigste, was ich sagen möchte, ist dies: Ich hoffe sehr, dass die Menschen das hier nicht als Zeichen sehen, dass sie mehr Angst haben sollten. All das – die Nationalgarde, dieser Käfig – ist doch kein Zeichen von Stärke. Es ist ein Zeichen von Schwäche. Purer Schwäche. Man kann nicht Millionen oder auch nur Hunderttausende einsperren – und ich hoffe, dass mehr und mehr Menschen das erkennen. Ja, das werden sie. Und wenn es so weit ist, bricht all das hier einfach zusammen. Schließlich kann man nicht ein ganzes Land einsperren. All diese Menschen, die ihrer Perspektiven beraubt wurden, ihrer Zukunft beraubt wurden: Sie leben in einem sehr reichen Land und bekommen nichts vom Nationalreichtum ab. Nichts bekommen sie! Das Einzige, was in Russland wächst, ist die Zahl der Milliardäre; alles andere sinkt, verstehen Sie?[12] Ich sitze in meiner Zelle und höre Berichte darüber, dass Butter, Nudeln und Eier teurer werden. Wir schreiben das Jahr 2021; unser Land ist ein Öl- und Gasexporteur – und wir reden darüber, wie wir überleben sollen, jetzt, wo die Nudeln teurer werden! Ihr habt diesen Menschen die Perspektiven genommen; ihr wollt ihnen Angst einjagen. Ich fordere alle auf, keine Angst zu haben. Dieses ganze Regime basiert auf Angst.

Richterin Repnikowa: Lassen Sie uns zur Sache zurückkehren.

Ich bin bei der Sache; ich bin mittendrin. Sie behaupten, ich rede nicht von der –

Richterin Repnikowa unterbricht: Lassen Sie uns zu unserem Prozess zurückkehren.

Zu unserem Schauprozess![13] Diese ganze Sache ist eine Farce. Und alles, was ich hier sage, spiegelt meine Haltung zu der Farce wider, die Sie aufführen.

Manchmal sind Gesetzlosigkeit und Willkür die Essenz eines politischen Systems, und das ist schlimm. Aber etwas anderes ist noch schlimmer: Wenn Gesetzlosigkeit und Willkür sich als Staatsanwälte oder Richter verkleiden. Wenn das passiert, ist es jedermanns innere Pflicht, die Gesetze, die in diesen Roben stecken, zu missachten. Was hinter Ihnen allen steht, was in Ihnen allen steckt, ist Gesetzlosigkeit und Willkür, und es ist die Pflicht eines jeden Menschen, sich Ihnen zu widersetzen und solchen Gesetzen Paroli zu bieten. Ich rufe dazu auf –

Richterin Repnikowa unterbricht: Das hier ist keine Kundgebung! Kehren wir zur Anhörung zurück, machen wir das hier nicht politisch.

Hören Sie bitte auf, mir ins Wort zu fallen.

(In der Folge versucht Richterin Repnikowa immer wieder vergeblich, Nawalny zu unterbrechen.)

Wie kann man das hier denn unpolitisch machen?! Ich habe eine Meinung zu diesem Schauprozess, und ich äußere diese Meinung. Eine andere Meinung habe ich nicht zu bieten; haben Sie die Güte, mir zuzuhören. Nun, ich wiederhole: Wenn uniformierte Gesetzlosigkeit und Willkür vorgeben, das Gesetz zu sein, ist es die Pflicht eines jeden ehrlichen Menschen, sich zu widersetzen und mit aller Kraft dagegen zu kämpfen. Ich kämpfe dagegen, so gut ich kann, und ich bleibe dabei. Ja, ich befinde mich jetzt unter der Kontrolle von Leuten, die gerne alles mit giftigen Chemikalien beschmieren, sodass wohl niemand auch nur eine müde Kopeke auf mein Leben setzen würde. Und trotzdem, selbst jetzt und hier sage ich, dass ich weiter gegen Sie kämpfen werde. Ich fordere alle auf, keine Angst vor Ihnen zu haben, und alles zu tun, damit das Gesetz siegt – und nicht Clowns in Uniform und Robe. Ich grüße alle, die weiterkämpfen und sich nicht fürchten, all die ehrlichen Menschen. Ich grüße und danke allen bei der Anti-Korruptions-Stiftung[14], die auch verhaftet wurden, und all den Menschen im ganzen Land, die furchtlos auf die Straße gehen.[15] Diese Menschen haben die gleichen Rechte wie Sie hier. Unser Land gehört diesen Menschen genauso wie Ihnen; es gehört allen. Wir sind auch russische Bürger und Bürgerinnen[16], und wir fordern echte Justiz und gleichberechtigte Behandlung. Wir fordern die Teilnahme an Wahlen und an der Verteilung des nationalen Reichtums. Ja, wir fordern all das!

Lassen Sie mich noch hinzufügen: So vieles in Russland ist heute sehr gut. Und das Beste an Russland sind die Menschen, die keine Angst haben, die nicht die Augen senken und auf die Tische starren[17] – diese Menschen werden unser Land niemals einem Haufen korrupter Beamter überlassen, die unsere Heimat gegen Paläste, Weinberge und Aqua-Discos eintauschen.[18]

Ich fordere sofortige Freiheit für mich und für andere, die verhaftet wurden. Ich akzeptiere diesen Schauprozess nicht. Er ist voller Lügen und ungesetzlich. Ich verlange meine sofortige Freilassung. «

»RUSSLAND WIRD GLÜCKLICH SEIN!«

Verhandlung gegen Alexei Nawalny wegen des Vorwurfs von Verstößen gegen Bewährungsauflagen im Fall Yves Rocher – Beschwerdeverfahren vor dem Moskauer Stadtgericht[1], 20. Februar 2021

Am 2. Februar stellte das Bezirksgericht den Verstoß Nawalnys gegen die Bewährungsauflagen fest. Damit wurde die (eigentlich bereits abgelaufene) Bewährungsstrafe von dreieinhalb Jahren in eine Freiheitsstrafe umgewandelt. Die Zeit, die Nawalny bereits 2014 unter Hausarrest verbracht hatte, wurde größtenteils angerechnet, sodass die verbleibende Haftstrafe zwei Jahre und acht Monate betrug.

Die Staatsanwaltschaft argumentierte damit, dass Nawalny es im Laufe des Jahres 2020 insgesamt sieben Mal verpasst habe, sich bei den Behörden zu melden. Zum Teil geschah dies vor seiner Vergiftung, zum Teil nach dem 23. September, also nachdem er aus der Klinik entlassen worden war. Im Gerichtsurteil wurde die Bundesstrafvollzugsbehörde dafür gerügt, Nawalny »bevorzugt behandelt« und nicht bereits früher Maßnahmen ergriffen zu haben.

Die Verteidigung legte mit Verweis auf das Urteil des Europäischen Gerichtshofs zum Fall Yves Rocher eine Beschwerde gegen die Haftstrafe ein. Sie erklärte zudem, dass Nawalnys Aufenthalt in Deutschland aus gesundheitlichen Gründen allgemein bekannt gewesen sei und nach seiner

Entlassung aus der Charité ärztliche Atteste bei den Behörden eingereicht worden seien.

»Ich spreche so oft Schlussworte! So endet auch unsere Sitzung hier, und dann kommt mein nächster Prozess, und da darf ich auch ein Schlusswort sprechen.[1] Wenn jemand meine Schlussworte herausgeben will, wird das ein ziemlich dickes Buch. Mir scheint, das ist auch eine Art Signal, das mir dieses Regime und der Besitzer dieses tollen Palastes, Wladimir Putin, senden: ›Guck mal, das mag seltsam aussehen, aber wir können das machen, schau her. Wir können das machen.‹

Wie ein Jongleur oder Zauberer, der im Gerichtssaal den Ball auf dem einen Finger kreisen lässt, dann auf dem anderen, dann auf dem Fuß, dann auf dem Kopf. Damit sagen sie: ›Schau her, wir können dieses Rechtssystem um jeden beliebigen Körperteil kreisen lassen. Was nimmst du dir heraus, du gegen uns?! Wir können alles Mögliche tun, schau mal, so.‹ Aber, ehrlich gesagt, finde ich diese Großtuerei, nun … Es stimmt zwar, sie können mit mir alles Mögliche anstellen, und das tun sie auch. Aber das sehe ja nicht ich alleine, sondern normale Menschen schauen das mit an, und auf sie macht es einen deprimierenden Eindruck. Denn sie denken sich: ›Okay, und wenn ich es mal mit der Justiz zu tun kriege? Welche Chancen habe ich dann, etwas zu erreichen?‹

Tja, ich soll also mein Schlusswort sprechen – spreche ich also mein Schlusswort. Ich weiß gar nicht mehr, was ich noch sagen soll, Euer Ehren. Soll ich mit Ihnen vielleicht über Gott und Erlösung reden? Den Pathos-Hebel auf Maximum stellen? Die Sache ist nämlich die: Ich bin ein gläubiger Mensch. Bei der Anti-Korruptions-Stiftung und in meinem Umfeld werde ich eher damit aufgezogen, die Leute sind da meist Atheisten, und ich war auch mal einer, sogar ein ziemlich militanter. Aber jetzt bin ich ein gläubiger Mensch, und das hilft mir sehr bei dem, was ich tue. Es macht alles viel, viel einfacher. Ich grüble weniger, ich habe weniger Dilemmas in meinem Leben – denn es gibt da so ein Buch, das mehr oder weniger genau beschreibt, was man in welcher Situation zu tun hat. Es ist natürlich nicht immer einfach, sich daran zu halten, aber ich versuche es im Großen und Ganzen. Und deshalb fällt es mir wohl leichter als vielen anderen, in Russland Politik zu machen.

Kürzlich hat mir jemand geschrieben: ›Du, Nawalny, warum sagen dir eigentlich ständig alle: *Halt durch, gib nicht auf, du musst es überstehen, beiß die Zähne zusammen …* Aber was hast du denn eigentlich zu überstehen? Du hast doch in einem Interview gesagt, du glaubst an Gott. Und es steht ja geschrieben: *Selig sind, die da hungert und dürstet nach Gerechtigkeit, denn sie sollen satt werden.*[2] Dann geht es dir doch bestens!‹ Und ich dachte mir: Da versteht mich ja jemand richtig gut! Nicht, dass es mir gerade bestens ginge, aber dieses Gebot habe ich immer als Handlungsanweisung verstanden. Es macht mir zwar keinen Spaß, hier zu sein, aber ich bedauere auch keinesfalls meine Rückkehr [aus Deutschland nach Russland] und das, was ich gerade tue. Denn ich habe alles richtig gemacht. Ich fühle sogar so etwas wie Genugtuung, weil ich in einer schwierigen Zeit getan habe, was in der Anweisung steht. Ich habe das Gebot nicht verraten.

Eine wichtige Sache noch. Für den modernen Menschen klingt dieses Gebot natürlich viel zu pathetisch: ›selig‹, ›hungert und dürstet nach Gerechtigkeit‹ … Ja, es klingt ziemlich abgedreht. Ganz ehrlich: Menschen, die so was sagen, wirken schlichtweg verrückt. Es sitzt also irgendein Verrückter mit zerzausten Haaren in seiner Zelle und versucht, sich aufzumuntern. Solche Menschen sind natürlich einsam, sie sind alleine, weil niemand sie braucht.

Und das ist das Wichtigste, was dieser Machtapparat, was unser ganzes System solchen Menschen sagen will: ›Du bist allein. Du bist ein Einzelgänger.‹ Zuerst Angst einjagen, und dann zeigen, dass du allein bist. Denn was für ein normaler, vernünftiger Mensch hält sich an irgend so ein Gebot? Ja, die Sache mit der Einsamkeit ist sehr wichtig. Es ist ein sehr wichtiges Ziel dieses Regimes. Übrigens hat die großartige Philosophin Luna Lovegood es ausgezeichnet auf den Punkt gebracht. Wissen Sie noch, die aus *Harry Potter*? Als sie sich in einer schwierigen Zeit mit Harry Potter unterhält, sagt sie: ›Es ist wichtig, sich nicht einsam zu fühlen. Denn an Voldemorts Stelle würde ich sehr wollen, dass du dich einsam fühlst.‹ Unser Voldemort in seinem Palast will das natürlich auch.

Wissen Sie, die Burschen, die den Gefangenentransport bewachen, sind tolle Jungs, und meine Wächter im

Gefängnis sind auch okay – aber sie reden nicht mit mir. Es wurde ihnen wohl verboten. Sie sagen nur gelegentlich etwas Dienstliches. Und das ist eben auch so eine Sache, damit ich mich ständig einsam fühle. Aber das wirkt bei mir nicht. Und ich kann sagen, warum. Dieses ›Selig sind, die da hungert und dürstet nach Gerechtigkeit, denn sie sollen satt werden‹ – das mag ja exotisch oder komisch klingen, aber in Wirklichkeit ist das aktuell die bedeutendste politische Idee in Russland. Sagen Sie doch selbst, Euer Ehren – es gibt in Russland so einen politischen Slogan, den populärsten überhaupt, wie heißt er noch mal? Helfen Sie mir aus: Wo liegt die Kraft? [Pause.] Richtig, Kraft liegt in Gerechtigkeit.[3] Das ist ein Satz, den alle zitieren. Und es ist ja genau das Gleiche – das gleiche Gebot, nur ohne diesen altmodischen Schnickschnack. Die gleiche Essenz, auf Twitter-Länge komprimiert. Und das ganze Land wiederholt es: Kraft liegt in Gerechtigkeit. Wer Wahrheit und Gerechtigkeit hinter sich hat, wird siegen.

Und das ist sehr wichtig, obwohl unser Land heute natürlich auf Ungerechtigkeit fußt und wir ständig diese Ungerechtigkeit erleben. Wir sehen die schlimmste Art – bewaffnete Ungerechtigkeit. Aber wir sehen gleichzeitig auch, dass Millionen Menschen, zig Millionen Menschen Gerechtigkeit wollen. Sie wollen Gerechtigkeit, und früher oder später werden sie Gerechtigkeit bekommen. ›Sie sollen satt werden.‹ Es sind doch offensichtliche Dinge – da gibt es zum Beispiel einen Palast. Und nun kannst du sagen, das sei nicht deiner, oder es gebe ihn gar nicht, aber es gibt ihn eben doch. Und da gibt es diese bettelarmen Menschen. Da kannst du noch so lange wiederholen, wir hätten einen hohen Lebensstandard, aber das Land ist eben arm, und jeder kann es sehen. Diese armen Menschen müssten reich sein! Da wurde eine Ölpipeline gebaut, da wird Geld verdient, aber es ist kein Geld da. Und das ist die Wahrheit; dagegen kommt man nicht an. Früher oder später werden die Menschen, die auf der Suche nach Wahrheit und Gerechtigkeit sind, diese auch bekommen. ›Sie sollen satt werden.‹

Und noch eine wichtige Sache will ich Ihnen sagen – der Staatsanwältin, Ihnen allen hier, diesem Regime und auch allen anderen: Es ist wichtig, vor diesen Menschen keine Angst zu haben – vor den Menschen, die nach Wahrheit streben. Viele haben nämlich Angst: ›Mein Gott, was wird das denn, eine Revolution, ein Albtraum …‹ Aber stellen Sie sich nur vor, wie schön das Leben sein könnte, wenn es diese ewige Lügerei nicht gäbe. Nicht lügen zu müssen – das ist doch etwas Wunderbares. Überlegen Sie mal, wie herrlich das wäre: Da arbeitest du als Richter, und es gibt keine ›Telefonjustiz‹. Niemand ruft dich an.[4] Du bist einfach ein toller Richter mit gutem Gehalt – mehr als das, was Sie jetzt verdienen – und eine geachtete Stütze der Gesellschaft. Niemand kann dich anrufen und dir vorschreiben, wie du zu entscheiden hast. Und dann kommst du nach Hause zu deinen Kindern und Enkeln, und du kannst ihnen sagen: ›Aber ja, ich bin wirklich ein unabhängiger Richter, und auch alle anderen Richter sind völlig unabhängig.‹ Das wäre doch großartig! Ganz toll wäre das, oder?

Und es wäre auch großartig, als Staatsanwalt in einem kompetitiven System zu arbeiten, so ein spannendes juristisches Spiel zu spielen, jemanden zu verteidigen oder echte Bösewichte zu bestrafen. Menschen schreiben sich wohl kaum an einer juristischen Fakultät ein und werden Staatsanwalt, weil sie Strafsachen fingieren und für irgendjemanden Unterschriften fälschen wollen.[5] Ich kann nicht glauben, dass man deshalb Staatsanwalt wird. Und ich kann nicht glauben, dass jemand Polizist wird, um erzählen zu können: ›Dem da haben wir auf der Demo aber ordentlich den Schädel eingeschlagen!‹, oder: ›Wir haben da einen Typen bewacht, einen unschuldigen, und dann haben wir uns dieses endlose Schlusswort von ihm angehört.‹ Niemand will so etwas. Niemand will so sein. Alle wollen anständige Polizisten sein, denn diese Lügerei hat nichts als Nachteile. Vorteile gibt's keine, man wird nicht einmal besser bezahlt. Nur Nachteile.

Und das gilt für alle. Nehmen wir zum Beispiel Geschäftsleute. Jedes Unternehmen im Land ist nur die Hälfte wert, weil es keine Justiz gibt, weil Ungerechtigkeit, Chaos und Armut herrschen. Es ginge doch allen so viel besser, wenn die Lügen und die Ungerechtigkeiten nicht existierten. Es wäre so viel besser, wenn die Menschen, die Wahrheit und Gerechtigkeit wollen, diese auch bekämen. Mit dem FSB[6] ist es genauso. Niemand, kein Mensch auf der Welt, hat als Schulkind mit leuchtenden Augen gesagt: ›Ich gehe mal zum Geheimdienst, und dann darf ich die Unterhosen eines Oppositionellen waschen, nachdem jemand Gift draufgeschmiert hat.‹ Solche Menschen gibt es nicht! Niemand will so etwas tun. Alle wollen anständig leben und respektiert werden; wer zum Geheimdienst geht, will doch eigentlich gegen Terroristen, Banditen und Spione kämpfen.

Das ist also sehr wichtig: keine Angst vor den Menschen zu haben, die Gerechtigkeit wollen. Sie vielleicht sogar zu unterstützen, direkt oder indirekt. Oder zumindest der Lüge, dieser ganzen Lügerei nicht noch zu helfen, die Welt um einen selbst herum nicht schlechter zu machen. Damit ist natürlich ein gewisses Risiko verbunden. Aber erstens ist es nicht groß, und zweitens, wie ein anderer großer zeitgenössischer Philosoph, Rick Sanchez, sagte: ›Leben heißt riskieren. Wenn du nichts riskierst, bist du nur ein müder Haufen zufällig zusammengewürfelter Moleküle, mitgetragen vom Strom des Universums.‹[7]

Und eine letzte Sache noch: Ich bekomme jetzt jede Menge Briefe, und ungefähr jeder zweite Brief endet mit dem Satz: ›Russland wird frei sein.‹ Das ist ein toller Slogan. Ich sage diese Worte auch ständig, ich wiederhole sie, schreibe sie selbst in Antworten auf diese Briefe, rufe sie auf Demos. Aber dabei denke ich immer, dass etwas fehlt. Natürlich will ich, dass Russland frei wird; das ist notwendig. Aber nicht ausreichend. Das kann nicht das ganze Ziel sein. Ich will auch, dass Russland reich wird, wie es seinem nationalen Reichtum entspricht. Ich will, dass dieser nationale Reichtum gerecht verteilt wird, dass alle ihren Anteil vom Öl- und Gaskuchen bekommen. Ich will, dass wir nicht nur frei sind, sondern auch noch ein anständiges Gesundheitssystem haben. Dass Männer das Rentenalter erleben – zurzeit schafft es die Hälfte aller Männer nicht bis dahin.[8] Und auch den Frauen geht es nicht viel besser. Ich will ein anständiges Bildungssystem, in dem Menschen wirklich etwas lernen können. Und natürlich will ich, dass man in Russland für gleiche Arbeit den gleichen Lohn bekommt wie in jedem durchschnittlichen europäischen Land. Jetzt ist es viel weniger. Was auch immer man ist – Polizist, Programmierer, Journalist –, man verdient viel weniger.

Ich will, dass noch viele andere Dinge in meinem Land passieren. Wir müssen nicht nur dagegen kämpfen, dass Russland unfrei ist, sondern auch dagegen, dass es insgesamt und überhaupt unglücklich ist. Wir haben alles, und trotzdem sind wir ein unglückliches Land. Schlagen Sie jedes russische Buch auf, lesen Sie die große russische Literatur – meine Güte, lauter Schilderungen von Unglück und Leid. Wir sind ein sehr unglückliches Land. Wir stecken in einem Unglückskreis und können nicht ausbrechen. Aber natürlich wollen wir das. Und deshalb würde ich den Slogan gerne ändern: Russland soll nicht nur frei sein, sondern auch glücklich. Russland wird glücklich sein. Ende der Durchsage. «

»IHR BENUTZT DIE VERGANGENHEIT, WEIL IHR NICHT ÜBER DIE GEGENWART REDEN WOLLT«

Verhandlung gegen Alexei Nawalny wegen des Vorwurfs der Verleumdung eines Weltkriegs-Veteranen, abgehalten vor dem Bezirksgericht Babuschkinski (Moskau), 20. Februar 2021

Am 2. Juni 2020 veröffentlichte das russische Staatsfernsehen ein Kampagnenvideo, in dem Prominente und »einfache Menschen« für Verfassungsänderungen warben, die es unter anderem Putin ermöglichten, noch zweimal für jeweils sechs Jahre zum Präsidenten gewählt zu werden. Am selben Tag twitterte Nawalny: »Oh, da sind sie, die Liebsten. Man muss zugeben, dass das Team der korrupten Lakaien bisher noch ein wenig schwach aussieht. Schaut sie euch an: eine Schande für das Land. Menschen ohne Gewissen. Verräter.« Er ging auf keinen der Teilnehmenden gesondert ein, im Video war aber neben vielen anderen auch Ignat Artemenko zu sehen, ein hochbetagter Veteran des Zweiten Weltkriegs.

Am 15. Juni 2020 wurde ein Ermittlungsverfahren gegen Nawalny nach Artikel 128.1 des Strafgesetzbuches (»Verleumdung«) eingeleitet, und zwar nicht etwa auf Antrag des Veteranen selbst, sondern direkt vom Ermittlungskomitee der Russischen Föderation. Dieses ist dem Präsidenten unmittelbar unterstellt und geht häufig gegen Aktivitäten

*Oppositioneller vor. So klagte es 2020 zahlreiche Politikwissenschaftler*innen und Journalist*innen an, die Putins Amtszeitverlängerung kritisierten, oder auch Ärzt*innen, die ihre – von den beruhigenden offiziellen Zahlen stark abweichenden – Daten und Beobachtungen zu Corona in Russland veröffentlichten. Der Vorwurf Nawalny gegenüber lautete, er habe Artemenko in seinem Twitter-Post öffentlich verleumdet.*

*Da Nawalny am 20. August 2020 vergiftet wurde, hatte sich erst nach seiner Rückkehr die Gelegenheit ergeben, ihn in dieser Sache vor Gericht zu stellen. Die entsprechenden Sitzungen fanden am 5., 12., 16. und schließlich 20. Februar 2021 statt. Sowohl die Verteidigung als auch die Anklage bestellten Sprachwissenschaftler*innen zwecks Begutachtung des Tweets. Diese kamen übereinstimmend zu dem Schluss, dass Nawalnys Aussage keine Verleumdung darstelle, da es sich um ein allgemein wertendes Urteil handele, und nicht um informative Aussagen zu konkreten Personen. Die Expertin der Anklage betonte zwar, dass Nawalnys Worte beleidigend gewesen seien, für Verleumdung fand aber auch sie keinen Anhaltspunkt. Trotzdem wurde Nawalny verurteilt. Anschließend, am 5. April 2021, trat ein Gesetz in Kraft, das für die Beleidigung von Veteranen des Zweiten Weltkriegs sowie »Respektlosigkeit gegenüber dem russischen Militärruhm« Strafen vorsieht – unter anderem hohe Geldbußen, ein Verbot der Ausübung bestimmter Tätigkeiten bzw. der Bekleidung bestimmter Ämter sowie Haftstrafen von bis zu fünf Jahren. Das Gesetz wurde von kremlkritischen Medien als direkte Reaktion auf den Nawalny-Prozess gewertet, die im Nachhinein das Urteil recht-*

fertigen sollte: Er habe zwar niemanden verleumdet, dafür aber einen Veteranen beleidigt. Am 20. Februar 2021 wurde Nawalny zu einer Geldstrafe von 850 000 Rubel (etwa 9500 Euro) verurteilt, zu zahlen nicht an den Veteranen, sondern an den Staatshaushalt.

Am 25. Mai 2021, als Nawalny sich bereits seit drei Monaten in einer Strafkolonie befand, wurde ein weiteres Verfahren gegen ihn eingeleitet. Diesmal ist die im Folgenden abgedruckte Rede schuld: Nawalny soll darin die Richterin, Wera Akimowa, beleidigt haben. Worin genau die Beleidigung besteht, wird in der Anklage nicht weiter spezifiziert.

Die Sitzung wegen Verleumdung des Veteranen fand am Nachmittag des 20. Februar 2021 im selben Gebäude statt, fast unmittelbar nach der Beschwerdeverhandlung, bei der die Entscheidung über dreieinhalb Jahre Strafkolonie (abzüglich der bereits unter Hausarrest verbrachten Zeit) bestätigt wurde.

»Das wird ja richtig lustig, schon wieder ein Schlusswort! Heute Vormittag hat die Staatsanwältin die ganze Zeit erzählt, ich würde für mich Sonderrechte verlangen. Mir scheint, zwei Schlussworte an einem Tag zu sprechen, ist auch ein Sonderrecht, das ich zwar nicht verlangt habe, aber ich habe es nun einmal bekommen.

Für dieses Schlusswort habe ich einen Zettel dabei, den hier. Er ist schon ziemlich abgewetzt, weil ich ihn bei jeder Sitzung in der Hosentasche hatte. Wenn ich aus der Untersuchungshaft komme und durchsucht werde,

sagen die jedes Mal: ›Was soll das hier?! Das ist verboten! Man darf nur relevantes Material mitnehmen.‹ Und ich sage: ›Für mich gibt es kein relevanteres Material.‹

Wissen Sie noch, ganz am Anfang [der ersten Sitzung zur Verleumdungssache] haben Sie uns eine halbe Stunde Zeit gegeben, um die Akte einzusehen. Aber was soll man sich da schon groß ansehen: fingierte Beweisstücke, gefälschte Unterschriften … Es gab aber diese eine Sache, diese eine Seite, die mich interessiert hat. Ich habe da ein paar Daten und Zahlen abgeschrieben, und den ganzen Prozess über habe ich den Zettel immer wieder aus der Tasche geholt und diskret einen Blick darauf geworfen – und zwar in den allerpathetischsten Momenten, wenn die Staatsanwältin hier mit scheinbar tränenerstickter Stimme schrie und jammerte: ›Die Kriegsveteranen, sie sind doch unser Ein und Alles! Wie wir sie lieben! Unser Staat ist für die Veteranen da, und nur so jemand wie Sie kann sie verunglimpfen und beschimpfen …‹ Als Sie, Euer Ehren, sagten: ›Lassen Sie die Veteranen in Ruhe! Nichts geht über unsere Veteranen! Russland tut alles für die Veteranen!‹[1] Und später auch wieder, wenn ich in der Zelle den Fernseher anmachte – jedes Mal erzählte dort jemand, ich hätte einen Veteranen beleidigt, dabei gehe doch nichts über unsere Veteranen, ganz Russland existiere doch nur für die Veteranen. Da zog ich wieder den Zettel aus der Tasche und schaute ihn mir an.

Was auf diesem Zettel steht, sind Zahlen vom Sozialdienst. Da war nämlich ein Beleg in der Akte, eine Auflistung, welche Unterstützung der Veteran Artemenko erhalten hat. Der Beleg bezieht sich auf die letzten vier Jahre. Zuletzt hat er am 6. Juli ein Lebensmittelpaket bekommen, insgesamt gab es in den vergangenen vier Jahren sieben Zuwendungen: dreimal Warengutscheine, einmal ein Lebensmittelpaket und dreimal Gutscheine für Lebensmittel. Wenn ich richtig rechne, beläuft sich der Gesamtwert auf etwa 11 000 Rubel in vier Jahren.[2] Das ist eure ganze verdammte Fürsorge für die Veteranen, ist euch das klar, ihr scheinheiligen Schurken?! Da sieht man die wahre Haltung gegenüber den Veteranen, gegenüber alten Menschen – ja, gegenüber allen in diesem Land.

Auf einem anderen Blatt in der Akte steht die Zusammensetzung der Ermittlungskommission. Fünfzehn Leute aus unterschiedlichen Regionen hat man nach Moskau gebracht, man hat diese fünfzehn nichtsnutzigen Tölpel einquartiert, ihnen Spesen und einen Gehaltszuschlag gezahlt, damit sie diese Straftat aufklären. Dafür ist mehr Geld draufgegangen, als der Veteran wahrscheinlich in seinem ganzen Leben vom Staat gekriegt hat. Zählen Sie mal, wie viele Beamte hier rumstehen: Ein Sitzungstag kostet viel, viel mehr, als der Kriegsveteran Artemenko in den letzten vier Jahren an Hilfe erhalten hat – an Hilfe von einem Staat, der so unverschämt verkündet, er sorge für seine Veteranen! Das Widerlichste, Grässlichste und Abscheulichste an diesem System ist, dass es genau darauf aus ist, solche Menschen zu berauben, die Allerunglücklichsten – die Veteranen, die Rentner. Da nehmen sie das Geld doch her!

Woher kommen denn die Paläste, die Klobürsten für

50 000 Rubel das Stück?[3] Wir wissen's ja: Geld kommt nicht aus dem Nichts, sondern genau von hier. Diesen Veteranen wurde es gestohlen. Weniger Therapie für den einen, weniger Ausbildung für den anderen, keinen Rollstuhl für den Dritten, keine Medikamente für den Vierten – das alles, um den Palast zu bauen, um Putins Schwiegermüttern Wohnungen zu kaufen, um Medwedew seine vier Schlösser zu finanzieren.[4] Jeder will etwas haben, und dafür muss man eben irgendwem etwas wegnehmen. Genau das machen diese Leute. Und damit ihnen das Stehlen auch weiterhin möglich ist, benutzen sie die, die sie bestohlen haben. Das ist das Allerwiderlichste. Jeden Tag bestehlt ihr diesen Veteranen, und dann schleppt ihr ihn hierher, stellt ihn zur Schau und sagt: ›Wir bleiben an der Macht, für immer, weil wir diesen Menschen beschützen.‹ Das ist einfach ungeheuerlich.

Hier ist ja so ein Typ aufgetreten, der mich angezeigt hat.[5] Und der hat den besten Satz in diesem ganzen Prozess gebracht: ›Ich schau mir also den Film an, und da ist dieser alte Mann, und man sieht gleich, dass er arm ist – also ist er Rentner und Veteran.‹ Aber warum ist er denn arm, bitte schön? Warum ist das in unserem Land automatisch die Gedankenverbindung, die jeder hat: ›Veteran, also arm.‹ Ein Kriegsveteran, das heißt: sehr alt und wahrscheinlich bettelarm. Man hat einfach gleich dieses Bild: ›Arm, also Veteran.‹ Aber warum ist das denn so, erklärt mir das doch mal! Wenn ihr hier mit Tränen in den Augen schreit, wie sehr ihr Kriegsveteranen liebt und beschützt, wieso sieht man dann auf den ersten

Blick, dass er arm ist? Wenn wir jetzt mal die Länder der Anti-Hitler-Koalition nehmen … Oder nein, lassen wir die Alliierten; nehmen wir die, die den Krieg verloren haben: Italien, Japan, Deutschland. Verglichen mit jedem dieser Länder, sind die Renten in Russland am niedrigsten – und ihr wollt sie nicht erhöhen. Ich hatte mal in einem Gesetzentwurf vorgeschlagen, die Renten so anzuheben, dass sie dem Lohn eines Soldaten der deutschen Bundeswehr entsprechen.[6] Aber nein, das geht nicht: weil es dann für den Palast nicht reicht. Weil Geld eben nicht aus dem Nichts kommt.

Damit sich *Einiges Russland* in Gelendschik oder an der Südküste Frankreichs diese schmucken Villen bauen kann[7], muss irgendwer bestohlen werden. Und am einfachsten und bequemsten ist es natürlich, einen Veteranen oder Rentner zu bestehlen. Wissen Sie, dieses ganze Regime, von Putin über *Einiges Russland* bis zu Ihnen allen hier, das hat sich in eine riesige Sau verwandelt. Die frisst den ganzen Tag aus einem Trog voller Geld, voller Öldollars. Hat die Schnauze da ganz tief hineingesteckt, und wenn man sie am Ohr zieht und sagt: ›Hallo, das ist doch für alle da!‹ – dann kommt die Schnauze kurz hoch und sagt: ›Waaas?! Wir lassen die Veteranen nicht schmähen!‹ Und wieder rein mit der Schnauze. Und wenn jemand sagt: ›Reicht's jetzt nicht langsam mit dem Klauen?‹, kommt die Schnauze raus und sagt: ›Waaas?! Wir lassen uns den Sieg im Zweiten Weltkrieg nicht nehmen!‹

Was habt ihr denn eigentlich mit diesem Krieg zu tun – ihr, euer Putin und euer *Einiges Russland*? Hört euch doch mal zu: ›Wir sind die Sieger!‹ Na klar, ihr höchstpersönlich habt euer Leben lang in Schützengräben gehockt.

Ihr benutzt die Vergangenheit, weil ihr nicht über die Gegenwart reden wollt – weil es ja auch ziemlich peinlich wäre, über irgendein aktuelles Problem zu sprechen. Man will mit euch über Korruption reden, über Armut, über Ungerechtigkeit, über den Zusammenbruch des Gesundheitswesens, und ihr habt nichts darauf zu sagen. Wenn bestimmte Leute, so wie ich, allzu unangenehme Fragen stellen, dann heißt es gleich: ›Was für ein Palast? Wieso denn Palast, wieso Medwedew, wieso Putin? Reden wir lieber darüber, wie er den Veteranen beleidigt hat!‹ Genau dafür wurde dieser Prozess erfunden. Weil ihr über das andere nicht reden wollt.

Die Staatsanwältin hier … Einer der widerlichsten Momente in diesem Prozess war wohl, als die Staatsanwältin diese fingierten Aussagen vorgelesen hat. Da war ja nun wirklich alles klar. Eine zehn Seiten lange Aussage – erst haben sie sich also zusammengesetzt und gesagt: ›So, jetzt brauchen wir eine Aussage, um sie vor Gericht vorzulesen. Aber der Opa ist alt, der kann ja nicht mehr richtig sprechen. Ach komm, zum Teufel damit, nehmen wir halt seine alten Erinnerungen und unterschreiben für ihn.‹[8] Wenn das keine Verhöhnung ist! ›Was ist schon dabei? Ist ja nur ein alter Opa, dem ist eh alles egal.‹ Und dann hat sie das Ganze vorgelesen, mit Kunstpausen und zitternder Stimme.

Ich will an dieser Stelle an eine wichtige Episode aus der neuesten Geschichte unseres Landes erinnern. Ich habe sie in diesem Prozess schon erwähnt, aber man kann gar nicht oft genug davon sprechen. Also: In der Region Krasnodar hat die Verbrecherbande der Brüder Zapok ihr Unwesen getrieben – und zwar unter dem unmittelbaren Schutz des ehemaligen Generalstaatsanwalts Tschaika und seines Gefolges, das bis heute in der Staatsanwaltschaft arbeitet.[9] Die Bande hat die ganze Siedlung terrorisiert, Schulmädchen vergewaltigt, Menschen ermordet … Und weil die Staatsanwaltschaft und die Justiz bestochen waren, wurden sie erst dingfest gemacht, nachdem sie eine ganze Großfamilie abgeschlachtet hatten. Sie hatten alle Kinder und Erwachsenen ermordet, auf dem Hof aufgeschichtet, angezündet und – das steht alles in den offiziellen Akten – ein neugeborenes Baby lebendig ins Feuer geworfen. Verstehen Sie? Und all das … all das konnte geschehen, weil hinter ihnen die Staatsanwaltschaft und die Justiz standen. Hinter ihnen stand *Einiges Russland.* Es sind Mitglieder von *Einiges Russland,* die das geschehen lassen haben. Das wollen Sie nicht vorlesen, was? Da zittert Ihnen nicht die Stimme? Dabei sind es lupenreine faschistische Gräuel. Nein, Ihre Stimme zittert nicht, im Gegenteil, ganz stolz sagen Sie: ›Na, wo ist die Kasse, wo stelle ich mich an?‹ Sie bedienen also diese riesige Sau, deren Schnauze in den Öldollars steckt, weil Sie hoffen, dass auch für Sie ein paar Krümel abfallen.

Da schalte ich den Fernseher ein und sehe diese peinliche Reportage: Der Veteran erfährt gerade, Nawalny habe ihn verunglimpft, und daraufhin wird ihm schlecht. Nun trifft es sich erstaunlicherweise zufällig so, dass just in diesem Moment beim Veteranen zu Hause ein Kamerateam bereitsteht und ihn filmt. Da liegt also dieser Mensch – und das zeigt man einfach so im Fernsehen –, er liegt auf der Bettdecke in nichts als Unterhosen, und daneben steht sein Enkel und schaut sichtlich zufrieden, so richtig glücklich. Es steht ihm geradezu ins Gesicht geschrieben: ›Gott sei Dank, endlich hab ich an Opa was verdient! Es hat geklappt! Da war er unserer Familie wieder mal zu etwas nütze.‹ Alle sind glücklich, die Kameras filmen, dahinter steht wahrscheinlich Margarita Simonjan[10] und sagt: ›Jetzt lass mal das Zappeln sein, Opa, bleib liegen.‹ Und ein fünfundneunzigjähriger Mensch liegt in Unterhosen auf der Bettdecke, und auf seinem Gesicht steht: ›Was geht hier vor? Warum machen die das?‹ Und sie so: ›Na, alles super! Das passt schon, so sieht das richtig rührend aus.‹

Mit diesem ganzen Prozess, dessen Ziel ja sonnenklar ist, habt ihr tatsächlich alle Veteranen erniedrigt und beleidigt, noch zehnmal schlimmer als alles, was zuvor passiert ist. Ihr habt einen Menschen entwürdigt, ihn wie eine Puppe benutzt, wie eine Marionette. Mal will er angeblich hier auftreten, mal nicht, mal unterschreibt ihr ganz offen für ihn. Das heißt, für euch ist er überhaupt kein Mensch. Man kann doch nicht für einen lebendigen, handlungsfähigen Menschen einfach mal so zehn verschiedene Erklärungen unterschreiben – und zwar in unterschiedlichen Handschriften. Nein, für euch ist er kein Mensch. Für euch, für dieses Regime, ist er etwas Mechanisches, eine Puppe, und die wollt ihr für eure Zwecke benutzen.

Ich habe das am Anfang meiner Rede am ersten Tag gesagt, und daran knüpfe ich jetzt wieder an: Ja, ich bin überzeugt, dass ihr alle dafür in der Hölle schmoren werdet. Aber ihr seid ja noch recht jung – da hoffe ich, dass ihr nicht nur in der Hölle schmort, sondern euch auch noch vor einem anständigen, diesseitigen Gericht für all das verantworten müsst, was ihr treibt. Ich verstehe doch genau, was ihr macht. Erst die eine Sitzung, die Gerichtsentscheidung tritt in Kraft[11]; jetzt die andere, und dann kann man abends sagen: ›Nawalny sitzt nicht, weil er sich vor den Ermittlungsbehörden[12] versteckt hat, sondern weil er einen Veteranen beleidigt hat.‹ Das wollt ihr also dem Fernsehpublikum vorspinnen. Eure Absicht ist klar, und bestimmt schafft ihr es auch, einen Teil eures Publikums hinters Licht zu führen, aber ich bin mir sicher, ganz sicher, dass dieser Plan am Ende nicht aufgeht.

Denn die vielen Menschen, die diesen Prozess verfolgen – die sehen doch, wie das alles abläuft. Sie sind genauso angeekelt wie ich, denn anders als ihr sehen sie diese Veteranen und Rentner und alle anderen als Menschen. Als richtige Menschen – die man nicht verhöhnen darf; die man nicht zwingen darf, bei euren widerlichen Spots mitzumachen; für die man nicht unterschreiben darf; deren Aussagen man nicht fälschen darf; die man nicht in so einem hilflosen Zustand filmen darf. Was ihr da plant, das wird nicht klappen, da bin ich mir sicher. So oder so werden Wahrheit und Gerechtigkeit siegen. Und jeder wird sich verantworten müssen.«

Am 2. Februar 2021 wurde Alexei Nawalnys Bewährungsstrafe im Fall Yves Rocher in eine Haftstrafe von dreieinhalb Jahren in einer Strafkolonie umgewandelt. Zu jener Bewährungsstrafe war er 2014 verurteilt worden. Der Europäische Gerichtshof für Menschenrechte erklärte dieses Strafurteil des russischen Gerichts im Jahr 2017 für menschenrechtswidrig. Der Gerichtshof stellte Verstöße gegen das Recht auf ein faires Verfahren und das Gesetzlichkeitsprinzip fest. Es bezeichnete das Urteil als »willkürlich« und »konstruiert«.

Das anschließende Beschwerdeverfahren brachte keine Veränderung, bis auf eine Anrechnung von weiteren 1,5 Monaten Hausarrest, in dem sich Nawalny zwischen 2013 und 2014 befunden hatte. Damit musste er noch für zwei Jahre, sechs Monate und zwei Wochen in Haft.

Der Europäische Gerichtshof für Menschenrechte verlangte mittels einstweiliger Anordnung vom 17. Februar 2021 die unverzügliche Freilassung von Alexei Nawalny.

Seit Mitte März 2021 befindet sich Nawalny in der Strafkolonie in Pokrow, 85 Kilometer von Moskau entfernt. Aus Protest gegen fehlende medizinische Behandlung trat er Ende März in den Hungerstreik. Am 20. April 2021 wurde er wegen seines besorgniserregenden Gesundheitszustands von externen Ärzten untersucht; seit dem 23. April nimmt er wieder Nahrung zu sich.

ANMERKUNGEN

»HABT KEINE ANGST – GEHT AUF DIE STRASSE!«

VORBEMERKUNG

1 Gespräch mit dem Geheimdienstagenten: www.youtube.com/watch?v=ibqiet6Bg38. Film über die Palastanlage: www.youtube.com/watch?v=ipAnwilMncI.

REDE

1 Russland verfügt über die größten Erdgasreserven der Welt und exportiert mit Abstand das meiste Gas. Die russische Erdölindustrie gehört international zu den Top 3. Laut Nawalnys Team fließt ein großer Teil der Einnahmen aus dem Export von Öl und Gas in die Hände von Putin und seiner Umgebung. Dem größten russischen Mineralölkonzern Rosneft steht Igor Setschin vor, ein langjähriger Freund und enger Vertrauter Putins; Vorstandsvorsitzender ist Altbundeskanzler Gerhard Schröder. Alexei Miller, Vorstandsvorsitzender des staatlichen Gas- und Ölriesen Gazprom, ist ebenfalls ein langjähriger Weggefährte Putins.

2 Zahlreichen Recherchen und Berichten zufolge besitzt Putin mehrere persönliche Geheimbunker. So berichteten Arbeiter, die am Bau des Palastes in Gelendschik beteiligt waren, in einem Interview mit der kritischen Online-Zeitung *Meduza*, es gebe einen mehrstöckigen Bunker auf dem Gelände der Residenz. Putin soll auch einen privaten Bunker in der Nähe eines Skizentrums im südlichen Uralgebirge besitzen.

3 Fünf Tage nach dieser Rede gingen tatsächlich Menschen auf die Straße. Am 23. Januar 2021 versammelten sich nach Schätzungen der Nachrichtenagentur Reuters in Moskau ca. 40 000 Demonstrant*innen (die staatlichen Behörden sprachen von 4000). Einige hielten Klobürsten in der Hand – in Anspielung auf »Putins Palast«, über den berichtet wird, dass dort jede Klobürste, selbst die in Nebengebäuden, ca. 700 Euro kostet. Persönlichkeiten aus dem Kulturbereich, von jungen Rappern bis hin zu gefeierten Dichtern, nahmen an der Demonstration teil. Alexei Nawalnys Frau, Julia Nawalnaja, wurde mehrere Stunden lang von der Polizei festgehalten. In anderen Städten versammelten sich ebenfalls

Tausende von Menschen, so unter anderem in St. Petersburg, Ufa, Tscheljabinsk, Samara, Kasan, Kaliningrad, Krasnodar, Jekaterinburg. In Jakutsk, wo die Außentemperaturen –50 °C erreichten, demonstrierten mehrere Hundert Personen auf dem zentralen Platz der Stadt. Nach Angaben des russischen Menschenrechtsprojekts *OVD-Info* wurden an diesem Tag landesweit über 4000 Menschen festgenommen, davon über 1500 in Moskau.

4 Über 2000 Anhänger*innen und Pressevertreter*innen erwarteten Nawalny auf dem Moskauer Flughafen Wnukowo, wo er eigentlich ankommen sollte. Angeblich aus »technischen Gründen« wurde das Flugzeug kurzfristig zu einem anderen Moskauer Flughafen umgeleitet.

5 Nawalny benutzt für Putin nahezu verniedlichende Bezeichnungen – also etwa »diebischer Opa«, und nicht »verbrecherischer Greis«. Das ist offenbar eine bewusste Strategie: Putin nicht als einen großen diabolischen Bösewicht darzustellen, sondern als einen kleinen, alten Beamtentypen, der zufällig Macht hat und diese zum Stehlen benutzt. Die in Russland sehr bekannte Beschreibung »Partei der Gauner und Diebe« für *Einiges Russland* hat Nawalny wenn nicht erfunden, so jedenfalls popularisiert.

6 Igor Setschin, Vorstandsvorsitzender von Rosneft, dem größten russischen Mineralölkonzern, ist einer der konservativsten unter Putins informellen Beratern und eine Schlüsselfigur unter den *Silowiki* – einer starken politischen Lobby, die hauptsächlich aus ehemaligen Mitarbeitern der Sicherheitsdienste besteht. Nach Angaben des Kreml-Kritikers Chodorkowski war es Setschin, der seine Verhaftung organisierte – dieser jedoch bestreitet das. Setschin wird oft als zweitmächtigste Person in Russland bezeichnet.

7 Den Brüdern Arkadi und Boris Rotenberg gehört die Stroygazmontazh-Gruppe (kurz SGM-Group), der größte Hersteller von Gaspipelines und Stromleitungen in Russland. Arkadi Rotenberg ist ein Jugend- und Judofreund Putins. Sein Vermögen wird derzeit auf drei Milliarden US-Dollar geschätzt. Kurz nach der Veröffentlichung von Nawalnys Video über »Putins Palast« gab Arkadi Rotenberg an, das Gebäude gehöre ihm, er legte jedoch keine Dokumente vor, die das beweisen könnten. Er wolle die Anlage als Hotel nutzen.

8 Putin lenkt die Geschicke Russlands de facto seit 1999. Die russische Verfassung erlaubte ihren Präsidenten ursprünglich nicht mehr als zwei aufeinanderfolgende Amtszeiten. Um diese Beschränkung zu umgehen, wurde die sogenannte »Putin-Medwedew-Tandemokratie« geschaffen: Nach zwei Amtszeiten (von 1999 bis 2008) ließ Putin sich unter dem

neu gewählten Präsidenten Dmitri Medwedew für eine Amtszeit zum Ministerpräsidenten küren und führte die Regierungsgeschäfte indirekt weiter. 2012 konnte Putin sich dann wieder zum Präsidenten wählen lassen, und Medwedew trat ab. 2020 unterzeichnete Putin eine Verfassungsänderung, die ihm zwei weitere Amtszeiten von je sechs Jahren (d. h. bis 2032) erlaubt. Außerdem verabschiedete die Duma ein Gesetz, das russischen Ex-Präsidenten und ihren Familienangehörigen lebenslange strafrechtliche Immunität gewährt. Heute ist Putin nach Alexander Lukaschenko (Belarus) der europäische Präsident, der am zweitlängsten im Amt ist.

9 Seit dem 1. Januar 2021 beträgt der monatliche Mindestlohn in Russland 12 792 Rubel, was etwa 120 Euro entspricht. Die Realeinkommen gehen seit 2013 wieder zurück. (Hier und im Folgenden: Der Rubelkurs schwankt stark; die angegebenen Werte sind vom Mai 2021.) Umfragen zufolge sind zwei Drittel der Bevölkerung mit der Gesundheitsversorgung »unzufrieden« bis »sehr unzufrieden«.

»WLADIMIR DER UNTERHOSENVERGIFTER: SO GEHT ER IN DIE GESCHICHTE EIN«

1 Der Vertreter der Bundesstrafvollzugsbehörde trug in der Verhandlung vor, Nawalny hätte sich als Auflage regelmäßig bei den Behörden an zwei Montagen im Monat melden müssen. Staatsanwältin Frolowa argumentierte in ihrem Antrag u. a., dass Nawalny sich bei der Bundesstrafvollzugsbehörde nicht gemeldet habe, nachdem er aus dem Koma erwacht sei.

2 Es ist bei Strafverfahren in Russland üblich, Angeklagte in einem durch Metallgitter oder Glas abgegrenzten Bereich, umgangssprachlich »Käfig« oder »Aquarium« genannt, Platz nehmen zu lassen. Offiziell dient dieser Bereich der Verhinderung von Ausbrüchen bzw. Gewalttaten; Menschenrechtsorganisationen kritisieren, dass er vielmehr einer Vorverurteilung gleichkommt.

3 Tatsächlich wurde Nawalny sowohl vor dem Yves-Rocher-Verfahren als auch danach mehrfach angeklagt. 2013 verurteilte man ihn wegen ähnlicher Vorwürfe (Betrug im Rahmen von unternehmerischer Tätigkeit) bereits zu einer längeren Gefängnisstrafe, die in der Berufungsinstanz in eine Bewährungsstrafe umgewandelt wurde. Im Sommer 2020 wurde im staatlichen Fernsehen ein Werbeclip ausgestrahlt, in dem Prominente und »einfache Bürger« für die von Präsident Putin vorgeschlagene

Verfassungsänderung warben. Nawalny kommentierte das auf Twitter u. a. mit den Worten: »Menschen ohne Gewissen. Verräter.« Daraufhin wurde gegen ihn ein Verfahren wegen Verleumdung eines der Teilnehmer eröffnet, eines Veteranen aus dem Zweiten Weltkrieg; laut Medienberichten waren fünfzehn Ermittler auf den Fall angesetzt. Am 29. Dezember 2020, demselben Tag, an dem er sich kurzfristig bei der Vollzugsbehörde melden sollte, wurde ein weiteres Verfahren eröffnet: Alexei Nawalny soll fast vier Millionen Rubel seiner Anti-Korruptions-Stiftung veruntreut und mit dem Geld u. a. Auslandsurlaube finanziert haben. Darüber hinaus gab es zahlreiche Zivilklagen, insbesondere von Personen und Unternehmen, die er in seinen Anti-Korruptions-Videos zum Thema gemacht hatte. In vielen Fällen verurteilte man ihn zu Schadenersatzzahlungen. Im Juli 2020 wurden Nawalny, seine Mitstreiterin Ljubow Sobol und die Anti-Korruptions-Stiftung verurteilt, jeweils über 300 000 Rubel an eine Firma des Putin-Vertrauten Jewgeni Prigoschin zu zahlen: Nawalnys Stiftung hatte in einem Video erklärt, das Unternehmen habe verdorbenes Essen an Schulen geliefert. Laut eigener Aussage rechnet Nawalny damit, »bis zum Ende von Putins Regime« Geld an Prigoschin zahlen zu müssen.

4 Eine Recherche das Investigationsteams *Bellingcat* zeigte, dass der Anschlag auf Nawalny von Mitgliedern des Föderalen Sicherheitsdienstes (FSB) verübt wurde. Im russischen Inlandsgeheimdienst gibt es unter anderem eine Abteilung, die sich mit chemischen Kampfstoffen beschäftigt; deren Angehörige beobachteten Nawalny bereits vor dem Anschlag über Jahre hinweg auf seinen Reisen und waren zur Anschlagszeit vor Ort.

5 Während der andere bekannte Vergiftungsfall der letzten Jahre, der Nowitschok-Anschlag auf Sergei und Julia Skripal, meist dem Militärgeheimdienst GRU zugerechnet wird, wähnten die britischen Behörden den Inlandsgeheimdienst FSB hinter der Polonium-Vergiftung von Alexander Litwinenko in London 2006. Die *Bellingcat*-Recherchen legen nahe, dass auch Nawalnys Ehefrau Julia (wahrscheinlich aus Versehen) und der russische Oppositionspolitiker Wladimir Kara-Mursa von Agenten derselben FSB-Abteilung vergiftet wurden; beide überlebten.

6 Alexei Nawalny gehört tatsächlich keiner politischen Partei an, wenn auch nicht ganz freiwillig. Seit 2000 war er Mitglied der liberalen Partei *Jabloko*, wurde allerdings 2007 wegen nationalistischer Ansichten ausgeschlossen; Nawalny selbst sagt, der wahre Grund sei ein Konflikt mit der Parteispitze gewesen. 2013 trat er bei den Bürgermeisterwahlen in Moskau als Kandidat der liberalkonservativen *PARNAS*-Partei an (und

holte 27 % der Stimmen gegen Sergei Sobjanin, den amtierenden Bürgermeister von der Regierungspartei *Einiges Russland*). Nach den Wahlen erklärte Nawalny, die Leitung der *Volksallianz* übernehmen zu wollen. Diese hatte bereits mehrmals versucht, sich offiziell als Partei registrieren zu lassen; die Anträge wurden jedoch vom Justizministerium aus »formalen Gründen« abgelehnt. Am 17. November 2013 wurde Nawalny zum Parteivorsitzenden gewählt; am 18. November beschloss die regimenahe Kleinstpartei *Heimatland* die Änderung ihres Namens in *Volksallianz*. Die Namensänderung wurde prompt vom Justizministerium bestätigt, sodass die ursprüngliche *Volksallianz* nicht mehr als Partei registriert werden konnte. Daraufhin wurde sie in *Fortschrittspartei* umbenannt und im Februar 2014 vorläufig registriert. Sie konnte in ersten Regionalwahlen Sitze gewinnen; allerdings wurden viele regionale Sektionen von den Justizbehörden nicht registriert und der Status als Partei im Frühjahr 2015 wieder aberkannt. Es folgten weitere Namensänderungen (von *Arbeitstitel* bis *Russland der Zukunft*), weitere Absagen von Parteitagen, unter anderem, weil Veranstaltungsorte im letzten Moment absprangen, sowie die Ablehnung weiterer Registrierungsanträge.

7 Im August 1999 ernannte Russlands Präsident Boris Jelzin den damaligen Chef des Föderalen Sicherheitsdienstes Wladimir Putin zum Ministerpräsidenten. Wenige Monate später, an Silvester 1999, trat Jelzin zurück; Putin wurde zum Präsidenten, ohne jemals in ein Amt gewählt worden zu sein. Sein erster Erlass garantierte dem Ex-Präsidenten und seiner Familie weitreichende Immunität. Viele Oppositionspolitiker vermuteten, dass Jelzin, der gesundheitlich angeschlagen und Korruptionsvorwürfen ausgesetzt war, nach jemandem gesucht hatte, der ihm zum sicheren Abgang aus der Politik verhelfen würde.

8 Im Telefongespräch mit einem seiner mutmaßlichen Vergifter fragte Nawalny, welche Gegenstände denn genau vergiftet wurden: Es war die Unterhose.

9 Die Nationalgarde wurde 2016 aus dem Innenministerium ausgegliedert und untersteht direkt dem Präsidenten. Sie besteht aus Spezialtruppen, die etwa bei öffentlichen Protesten eingesetzt werden.

10 Das Durchschnittsgehalt in Moskau war 2020 fast doppelt so hoch wie in Russland insgesamt.

11 20 000 Rubel entsprechen etwa 220 Euro. Das Medianeinkommen 2020 betrug in Russland 27 036 Rubel monatlich, also etwa 300 Euro.

12 Während fast 20 % der Bevölkerung unterhalb der Armutsgrenze leben, ist Russland weltweit in den Top 10, was die Anzahl der Multimillionäre

betrifft, die über 30 Millionen US-Dollar besitzen, was über zwei Milliarden Rubel entspricht.

13 Die Richterin benutzt den Ausdruck »*predstawlenije*«, einen juristischen Terminus, der etwa »Anhörung« bedeutet. Im Alltagsrussisch heißt »*predstawlenije*« aber »Vorstellung«, »Schau«, »Performance«, und auf diese Zweideutigkeit geht Nawalny hier mehrmals ein.

14 Die Anti-Korruptions-Stiftung ist das bekannteste Projekt von Alexei Nawalny. Ihre Enthüllungsvideos haben regelmäßig Millionen von Zuschauern.

15 Im Zusammenhang mit Nawalnys Verhaftung fanden zahlreiche Demonstrationen statt; in Moskau und St. Petersburg gingen Zehntausende auf die Straße, in Russland insgesamt Hunderttausende.

16 Nawalny benutzt das generische Maskulinum, Gendern ist im Russischen aber auch unüblich. Da Nawalny durchaus feministische Positionen vertritt und gerade unter den Verhafteten und Mitstreiter*innen, die er erwähnt, viele Frauen sind, spricht die Übersetzung an dieser Stelle von Bürgern und Bürgerinnen.

17 Beim Yves-Rocher-Prozess 2014 sprach Nawalny darüber, wie die Richter*innen und Staatsanwält*innen ihm nicht in die Augen schauen konnten, sondern nach unten, auf die Tische, starrten. Diese Beobachtung und die Wendung »auf den Tisch starren« wurden damals von vielen aufgegriffen.

18 Weinberge und eine Aqua-Disco wurden zusammen mit anderen luxuriösen Einrichtungen in dem Enthüllungsvideo »Ein Palast für Putin« gezeigt, das Nawalny und die Anti-Korruptions-Stiftung nach Nawalnys Rückkehr nach Russland im Januar 2021 veröffentlichten.

»RUSSLAND WIRD GLÜCKLICH SEIN!«

VORBEMERKUNG

1 Die Verhandlung wurde im Gebäude des Bezirksgerichts Babuschkinski abgehalten, die verantwortliche Instanz war aber das Moskauer Stadtgericht.

REDE

1 Alexei Nawalny hatte tatsächlich einen weiteren Gerichtstermin am selben Tag – es ging um das Strafverfahren wegen der angeblichen Verleumdung eines Kriegsveteranen.

2 Matthäus 5,6.

3 Der Satz lautet im Original »*sila w prawde*«, und selten sind drei Wörter so schwer zu übersetzen. *Sila* hat die Bedeutungen »Kraft«, »Macht«, »Stärke«; *prawda* wird meist mit »Wahrheit« übersetzt, hat aber auch die ältere Bedeutung »Recht«, »Gerechtigkeit« – und diese dominiert in dem Zitat, das Nawalny anführt. Es stammt aus dem zweiten Teil des russischen Kult-Krimifilms *Brat (Bruder)* von 2000 und ist in Russland tatsächlich zu einem geflügelten Wort geworden. Der Protagonist sagt dort: »Kraft liegt in Gerechtigkeit. [...] Sagen wir, du hast einen betrogen, an ihm Geld verdient – bist du jetzt etwa stärker? Nein, weil du nicht die Gerechtigkeit hinter dir hast! Der Betrogene, der hat die Gerechtigkeit hinter sich. Er ist also stärker.« Im Folgenden wird *prawda* kontextabhängig als »Wahrheit« oder »Gerechtigkeit« übersetzt.

4 »Telefonjustiz« oder »Telefonrecht« ist ein Begriff, der ursprünglich während der Perestroika aufkam. Er beschrieb das sowjetische System, bei dem ein Anruf aus der Parteizentrale, etwa bei einem lokalen Funktionär oder einem Gericht, formale Regeln und Gesetze aushebelte. Seit den 2000er-Jahren bezieht sich »Telefonjustiz« in Russland in erster Linie auf die vielen Gerichtsentscheide, die laut Kritikern offensichtlich vom Regime vorgegeben sind (die Richter erhalten einen Anruf, zum Beispiel aus dem Präsidialamt) und die Beweise oder Rechtsnormen ignorieren.

5 Nawalny bezieht sich hier auf die Anklage wegen Verleumdung, die direkt nach dieser Sitzung verhandelt wurde. Die Verteidigung erklärte, Unterschriften des vermeintlich Verleumdeten seien gefälscht worden.

6 FSB ist die russische Abkürzung für den Föderalen Sicherheitsdienst; das ist der russische Inlandsnachrichtendienst und Hauptnachfolger des sowjetischen KGB. Die Aufgaben des FSB umfassen Spionageabwehr oder Staatsschutz, er ist aber oft auch in Fällen involviert, die eine politische Komponente haben – von der Verhaftung von Regimekritikern bis hin zur Vergiftung von Alexei Nawalny.

7 Nawalny ist bekennender Fan der Zeichentrickserie »Rick and Morty«, dessen Protagonisten er hier zitiert. Auch auf seinem Rückflug aus Deutschland nach Russland am 17. Januar 2021, als man seine Verhaftung nach der Ankunft bereits erwarten konnte, schaute er mit seiner Frau Julia »Rick and Morty«.

8 Die durchschnittliche Lebenserwartung in Russland beträgt 71,5 Jahre (zum Vergleich: in Deutschland sind es 81 Jahre); während in den meisten anderen Ländern Frauen nur einige Jahre länger leben als Männer, beträgt der Geschlechterunterschied in Russland elf Jahre. Zum Politi-

kum wurde die Lebenserwartung 2018, als im Rahmen einer Rentenreform eine Erhöhung des Renteneintrittsalters für Frauen auf 60 und für Männer auf 65 Jahre beschlossen wurde. Experten waren sich einig, dass das vorherige System nicht nachhaltig war und Änderungen notwendig seien; die Reform war aber extrem unpopulär und führte zu fallenden Beliebtheitswerten sowohl für die Regierung insgesamt als auch für Putin persönlich. Die Tatsache, dass das neue Rentenalter für Männer nur knapp unter ihrer Lebenserwartung (aktuell 67 Jahre) liegt, spielte bei den Reaktionen ebenfalls eine wichtige Rolle.

»IHR BENUTZT DIE VERGANGENHEIT, WEIL IHR NICHT ÜBER DIE GEGENWART REDEN WOLLT«

1 Je weniger Kriegsveteran*innen es in Russland tatsächlich noch gibt, desto mehr werden sie rhetorisch gefeiert. Putin setzt auf die Integrationskraft des Sieges von 1945 und wertet den Beitrag anderer Staaten immer mehr ab. 2020 lebten in Moskau noch ca. 4000 Menschen, die am Zweiten Weltkrieg teilgenommen haben. Bei der Siegesparade im Sommer 2020 marschierten 14 000 junge Militärangehörige über den Roten Platz. Der Moderator der Parade ist später im Jahr an den Folgen einer Covid-19-Erkrankung gestorben.

2 Diese Summe entspricht ungefähr 160 Euro.

3 Im Folgenden bezieht sich Nawalny auf den von ihm und seiner Anti-Korruptions-Stiftung am 19. Januar 2021 auf Youtube veröffentlichten investigativen Dokumentarfilm »Ein Palast für Putin«. Dieser behandelt nicht nur den Palast (inklusive 700 Euro teurer Klobürsten), sondern auch viele andere Korruptionsfälle.

4 Ausweislich des Dokumentarfilms erhielten unter anderem die Mütter von zwei Frauen, die allgemein als Putins ehemalige und aktuelle Geliebte gelten, jeweils eine 220 m^2 bzw. 260 m^2 große Wohnung in einem der teuersten Viertel Moskaus. Am 2. März 2017 hatten Nawalny und seine Stiftung einen Bericht über den Immobilienbesitz Dmitri Medwedews publiziert (damals Präsident der Russischen Föderation, zumindest nominal). Laut dieser Recherche hatte Medwedew über vermeintlich wohltätige Organisationen Folgendes erworben: eine Villa nahe Moskau, ein Landhaus in einem Wintersportquartier nahe Sotschi, ein Schloss in Sankt Petersburg und ein Anwesen mit mehreren Jachten im Südwesten Russlands. Dieser Bericht (www.youtube.com/watch?v=qrwlk7_GF9g) wurde inzwischen über 43 Millionen Mal angesehen; deutsche und englische Untertitel sind verfügbar.

5 Es handelt sich um einen Mitarbeiter des Ermittlungskomitees der Russischen Föderation.

6 Im Juni 2020 veröffentlichte Nawalny einen Gesetzesentwurf, in dem er vorschlug, russischen Kriegsveteranen eine Rente zu zahlen, die über der Rente ehemaliger Wehrmachtssoldaten liegt. (In der Rede hier spricht er irrtümlicherweise von Gehältern der Bundeswehr.) In seinem Entwurf gab Nawalny an, die Rente für ehemalige Angehörige der Wehrmacht betrage in Deutschland ca. 1500 bis 8000 Euro. In Russland erhalten Kriegsveteranen eine Rente in Höhe von ca. 400–500 Euro. Da Nawalny kein Initiativrecht besitzt, veröffentlichte er den Entwurf als Petition auf dem Portal Change.org.

7 In Gelendschik steht, wie von Nawalnys Team auf Youtube dargelegt, »Putins Palast«; in Frankreich befindet sich laut den Ermittlungen der Anti-Korruptions-Stiftung unter anderem ein Anwesen im Wert von etwa 11 Millionen Euro, das Alexander Babakow gehört. Babakow wechselte häufig von *Einiges Russland* zu diversen anderen kremlnahen Parteien; momentan ist er stellvertretender Vorsitzender der nationalistischen Partei *Sa prawdu*.

8 Vor Gericht erschien der Veteran nicht persönlich, dafür wurden längere Textfragmente vorgelesen – laut der Staatsanwaltschaft Auszüge aus den Erinnerungen des Veteranen an die Kriegszeit.

9 Juri Tschaika, Träger zahlreicher Staatsorden, war von 1999 bis 2006 russischer Justizminister und von 2006 bis 2020 Generalstaatsanwalt; seit 2020 ist er Bevollmächtigter des Präsidenten im Föderationskreis Nordkaukasus. Er musste sich zu diesen Vorwürfen bisher vor keinem Strafgericht verantworten; ob es hier jemals Ermittlungen gab, ist nicht bekannt. Nawalny ist jedenfalls nicht der Einzige, der Tschaikas Verbindungen zur organisierten Kriminalität untersucht hat; Nadeschda Tolokonnikowa *(Pussy Riot)* lancierte 2016 einen Protestclip gegen die Korruption des Tschaika-Clans.

10 Margarita Simonjan ist Chefredakteurin der staatlichen Nachrichtenagentur *Rossija Sewodnja* (Russland heute). 2018 sagte sie nach der Wiederwahl Putins zum Präsidenten: »Früher war er einfach unser Präsident und konnte abgelöst werden. Jetzt ist er unser Führer. Und wir lassen nicht zu, dass er abgelöst wird.«

11 Wenige Stunden zuvor wurde Nawalnys Beschwerde im Fall Yves Rocher fast vollständig abgelehnt; als einzige Änderung wurde die Haftzeit wegen bereits verbüßter Zeiten um weitere sechs Wochen reduziert.

12 Nawalny meint hier wahrscheinlich »Vollzugsbehörden«, nicht »Ermittlungsbehörden«.

ПРЕДИСЛОВИЕ ГЕРХАРТА БАУМА

Перевод с немецкого Александры Берлиной

Когда-то давным-давно — около 1990-го года — в России царили перестройка и гласность. Тогда эти слова звучали даже по-немецки: *Perestroika, Glasnost*. Страна снова смогла дышать полной грудью, освободившись от советской диктатуры. Я часто бывал в Советском Союзе, первый раз в 1966-ом. А потом попал в Россию девяностых — и ощутил в воздухе запах свободы. Не было слежки, не было цензуры; царила свобода предпринимательства, религии, собраний, слова и прессы. Страна обрела себя. Она расцвела — демократически, культурно, а поначалу и экономически (впрочем, потом, с началом правления Ельцина, экономическое положение начало стремительно ухудшаться). С точки зрения мировой политики, Горбачев удивил Рейгана далеко идущими предложениями по ядерному разоружению. Россия вывела войска из Афганистана, стала соблюдать международный порядок Организации Объединенных Наций. Советский Союз часто подвергался критике со стороны ООН за нарушения прав человека — а новая Россия сама присоединилась к организации, критикуя нарушения в других государствах. Свободу обрели ГДР и другие восточноевропейские государства. В 2001 году Путин выступал в Бундестаге, и ему аплодировали стоя. Была принята Парижская хартия: все страны, в свое время подписавшие Хельсинскую декларацию — территория, протянувшаяся от Ванкувера и до Владивостока и включающая в себя всю Европу — обязались не только уважать границы, но и поддерживать мир, демократию и права человека.

Зачем я все это описываю? Чтобы опровергнуть идею, что Россия не способна к свободе. Да, у России есть своя культура, история, менталитет. Но ее жители не отличаются от остального человечества в главном — как сказала Ханна Арендт, «люди рождены для свободы». Я говорю это как сын русской матери, бежавшей из Москвы в 1917-ом году во время Октябрьской революции. Мы сами недавно видели, как дорога́ людям в России свобода — это доказали впечатляющие демонстрации, к которым призвал Навальный. Сколько смелости требуется, чтобы выйти утром на улицу, не зная, не окажешься ли к вечеру в пыточном застенке! Сколько нужно любви к свободе, чтобы бороться против несправедливости, нищеты, репрессий, нечестных выборов и бесстыдства шайки, грабящей страну и использующей государственные органы в своих целях — и при этом имеет наглость заявлять, что она и есть Россия. Прочтите речи Алексея Навального в суде. Это речи в защиту свободы. Навальный призывает не молчать, когда вершится вопиющая несправедливость. Его речи — впечатляющие свидетельства свободного духа, которые могут стать путеводной звездой и для следующих поколений, как речи Сахарова, написанные в ссылке в Горьком.

Как могло случится, что путинская Россия постепенно стала такой авторитарной изнутри и такой агрессивной во внешней политике? Нет, дело не в том, что Запад недостаточно учитывал интересы Москвы. Путин захватил Крым — с точки зрения международного права иначе как аннексией это не назовешь — и временно поднял этим свою популярность в России. И тем не менее: этот режим стоит на глиняных ногах. Этот режим боится народа. Тех, кто у власти, интересует не общественное благо, а исключительно личное обогащение. Страна не развивается. Инвестиции малы. Расходы на вооружение и политика глобального вмешательства поглощают огромные суммы. Навальный объяснил в суде, как ничтожны пенсии ветеранов войны. Молодое поколение открыло для себя интернет, и в результате вся страна узнала о масштабе коррупции — несмотря на все усилия режима закрыться от посторонних глаз. Фильм о дворце Путина на Черном море был просмотрен на Youtube более 115 миллионов раз. Навальный имеет мужество открыто говорить обо всем этом и называть виновников. Он бросает вызов лично Путину. Режим реагирует драконовскими методами, пытаясь уничтожить его лично, его соратниц и соратников и всю его организацию. Но нет, этот огонь не потухнет. Летом 2021 года организации Навального настиг очередной удар: они классифицированы как экстремистские, а значит, любая их поддержка становится актом терроризма — за что грозят серьезнейшие наказания. Всего год назад хватка режима была менее крепкой: мне разрешили путешествовать по России в качестве представителя немецкой либерально-демократической организации «Фонд Фридриха Науманна за свободу» и автора книги «Спасти права граждан», переведенной на русский язык. Мне удалось поговорить с представителями гражданского общества, критикующими Путина, в том числе с Навальным — однако уже тогда на меня навесили клеймо «иностранного агента».

У Навального хватило мужества вернуться на родину после покушения. Казалось бы, Россия сейчас предлагает только одну альтернативу: подчиниться или эмигрировать. Но он не делает ни того, ни другого — как и харизматичная икона белорусского освободительного движения Мария Колесникова, порвавшая свой паспорт, чтобы предотвратить депортацию из Беларуси. С сентября 2020-го года она находится в тюрьме. Готовность этих людей жертвовать собой придает им дополнительный авторитет. Да, Навальный — символ стремления россиян к свободе. Но и он, и Мария Колесникова представляют собой и нечто еще большее. Они защищают права человека — как и многие другие смелые люди во всем мире, рискующие своей личной свободой и даже жизнью, выступая против нарушений прав человека. В честь своего пятидесятилетия в 1998-ом году Генеральная Ассамблея Организации Объединенных Наций торжественно и единогласно приняла «Декларацию о правозащитниках» — которую попирают ногами те, кто презирает прав человека.

Что же делать нам? Что мы можем, что мы должны? Самое страшное — в том числе и в отношении Навального — это забвение. Свободный мир должен не только продолжать следить за его судьбой: мы должны настаивать и требовать. Требование о его безусловном освобождении нужно высказывать во всеуслышание снова и снова — при каждой возможности, в каждом разговоре с Путиным. Нельзя допускать ослабления давления — не только в отношении Навального, но в отношении всех поступков, противоречащих международному праву. Актуальный пример вопиющего нарушения: угон самолета в Беларуси с одобрения Кремля, чтобы арестовать оппозиционного журналиста, который затем подвергся пыткам. Мы должны использовать все законные средства, чтобы привлечь виновных к ответственности. Международное уголовное право позволяет нам и другим правовым государствам при определенных обстоятельствах судить подчиненных, выполнявших противозаконные указания — судей, прокуроров, сотрудников и сотрудниц тюрем и полиции. Этим правом нужно пользоваться активнее. Там, где не хватает возможностей международного уголовного права, может быть уместно прибегнуть и к возможностям внутригосударственного судебного преследования. Если диктаторы отдают приказы о совершении тяжких и особо тяжких преступлений — как в случае с угоном самолета в Беларуси — уместны международные ордера на арест их подчиненных. Дипломатические и политические отношения следует поддерживать, но только если при этом открыто озвучивается ситуация, как это делает Байден. Улучшение отношений с Россией должно быть долгосрочной целью — но не ценой преуменьшения преступности путинского режима. Чтобы понимать Россию, нужно понимать Навального, а не Путина. Нам нельзя молчать. Наш голос нужен ему и всем тем, кто добивается в России свободы.

Герхарт Баум

Кельн, июнь 2021

Герхарт Баум (*1932) — ведущий политик Свободной демократической партии Германии, член Бундестага с 1972-го по 1994-ый год. С 1978-го по 1982-ой год занимал пост федерального министра внутренних дел в социал-либеральном федеральном правительстве, возглавляемом Гельмутом Шмидтом. С 1992-го года работал в различных органах Организации Объединенных Наций. На настоящий день занимается адвокатской деятельностью и принимает активное участие в работе правозащитных организаций Amnesty International и Human Rights Watch. Многочисленные публикации Герхарта Баума посвящены вопросам гражданских прав и прав человека. В 2021-ом году вышла его книга *Freiheit. Ein Appell. («Свобода. Призыв к действию»).*

«НЕ БОЙТЕСЬ — ВЫХОДИТЕ НА УЛИЦЫ!»

Суд над Алексеем Навальным по обвинению в нарушении условий испытательного срока по делу «Ив Роше». Заседание касательно продления срока задержания, УВД города Химки, 18 января 2021.

«Чего боится эта жаба, сидящая на трубе? Чего боятся эти бункерные воры больше всего? Вы сами отлично знаете. Выхода людей на улицы. Потому что это та вещь, тот политический фактор, который нельзя игнорировать. Он самый главный, самый важный. Это суть политики. Поэтому не бойтесь — выходите на улицы! Выходите не за меня: выходите за себя, за свое будущее.

Вот как интересно получается: вроде бы сижу я на фоне флага Российской Федерации, а происходящее здесь не имеет ни малейшего отношения к законам Российской Федерации, и это понимает вообще каждый человек. Вот этот полицейский, вот тот полицейский — вообще все, кто здесь находится.

Вот эта банда воров, 20 лет разграбляющая страну, она сказала мне, ну и в моём лице всем, кто отказывается молчать: „Мы тебя пытались убить. Ты не умер. Ты оскорбил нас этим, поэтому тебя за это посадим". И сейчас придёт женщина в чёрной мантии, изображающая судью, и отправит меня под арест, тоже понимая, что всё это абсолютно и тотально незаконно. Но тут важно даже скорее подумать о том, почему они делают именно так. Почему они посадили мой самолёт в другом месте? Почему они трусливо организовали вот этот процесс прямо в здании ОВД? Почему никого не пустили? Почему всё так срочно? Почему никто не знал об этом суде? Потому что у них рейтинги большие? Потому что они сильные?

Нет, потому что вот этот самый вороватый бункерный дед сидит и трясётся от страха. Они же боятся! Ровно поэтому делают всё так срочно, тайно, секретно, так торопятся. Они боятся — и боятся они вас. Боятся тех людей, которые могут перестать молчать, осознать свою силу и понять: Ну кто может им противостоять? Эти люди задают вопрос: „Почему вся Россия внезапно подчиняется какому-то Путину, Сечину, этим Ротенбергам, сборищу какого-то жулья чудовищного?" Как только мы это осознаем, выйдем на улицы, всё это просто перестанет, растворится. Мы же каждый день просто теряем возможности, которые даёт нам настоящее, и каждый день теряем своё будущее. 20 лет уже подряд. 20 лет подряд мы становимся беднее, наша страна деградирует, наше образование всё хуже, наше здравоохранение всё более убого.

Это никто не остановит, кроме нас самих. Поэтому я вас призываю: не молчите! Сопротивляйтесь! Выходите на улицы! Никто, кроме нас самих, нас не защитит. А нас так много, что если мы захотим чего-то добиться, мы этого добьёмся. »

«ВЛАДИМИР ОТРАВИТЕЛЬ ТРУСОВ. ИМЕННО ТАК ОН ВОЙДЕТ В ИСТОРИЮ»

Суд над Алексеем Навальным по обвинению в нарушении условий испытательного срока по делу «Ив Роше». Основное заседание, Симоновский районный суд города Москвы, 2 февраля 2021.

« Я хотел бы начать с обсуждения правового вопроса, который мне кажется главным и немножко упущенным из этого обсуждения. Потому что выглядит все немножко странновато: вот сидят двое, и один из них говорит: „А давайте посадим Навального за то, что он являлся не по понедельникам, а по четвергам.“ А второй говорит: „А давайте посадим Навального за то, что он, выйдя из комы, немедленно не приехал к нам в инспекцию“. И идет это обсуждение, все обсуждают понедельники, четверги, когда кто должен был отправить какую бумажку и так далее.

Но я хотел бы сказать пару слов о таком небольшом слоне в этой комнате. Я хотел бы, чтобы все — вся пресса, которая пишет про этот процесс, все люди — обратили внимание на то, что суть дела заключается в том, чтобы меня посадить по делу, по которому я был уже признан невиновным, по делу, которое уже признано сфабрикованным.

Это не мое личное мнение. Если мы откроем любой учебник по уголовному праву — я надеюсь, ваша честь, вы это делали пару раз в жизни, — мы увидим, что Европейский суд по правам человека является частью судебной системы России, потому что Россия является членом Совета Европы, и эти решения обязательны. И я, пройдя все необходимые стадии судебного процесса, обратился в Европейский суд, и Европейский суд вынес решение, в котором черном по белому написал, что даже состава преступления нет. Дело, по которому я нахожусь в этой странной клетке, полностью сфабриковано. Мало того, Российская Федерация, в общем-то, признала это решение — половинчато —, потому что мне даже выплатили компенсацию по этому делу, тем самым признав решение Европейского суда по правам человека.

Несмотря на это, мой брат три с половиной года отсидел в тюрьме по этому делу, которое было, еще раз, признано сфабрикованным по решению суда, обязательного на территории России. Я по этому делу просидел год под домашним арестом. Когда мой испытательный срок заканчивался, меня за неделю до этого арестовали, привезли к вам в Симоновский суд и без защиты, всучив какого-то адвоката по назначению, продлили мне его еще на год.

Давайте немножко математики. В 2014 году меня осудили, дали мне 3,5 года, дали испытательный срок, а сейчас 2021 год, но меня все равно продолжают судить по этому делу. Меня уже и невиновным признали, и состава преступления в этом деле нет, и все равно с упорством маньяка наше государство требует меня посадить по этому делу.

Почему же по этому делу? Уж чего-чего, а недостатка в уголовных делах в отношении меня точно нет. Еще одно совершенно недавно возбудили. Тем не менее кому-то очень хотелось, чтобы я ни одного шага не сделал по территории нашей страны, вернувшись, как свободный человек. Чтобы с момента пересечения границы я оказался арестантом. И мы знаем кому. Мы знаем, почему это случилось. Причина этого всего — ненависть и страх одного человека, живущего в бункере. Потому что я нанес ему смертельную обиду тем, что я выжил после того, как меня пытались убить по его приказу.

Прокурор Фролова: Я прошу сделать Навальному замечание.

Мне не нужно ваших замечаний. Ваша честь! Еще раз! Мне теперь этот прокурор будет мешать говорить свое отношение ко всему, что происходит?

Судья Репникова: *Напоминаю, что мы рассматриваем вопрос о замене условного осуждения. Какие-то иные, по вашему мнению уголовные дела в настоящем процессе не рассматриваются. Рассматривается вопрос об отмене условного осуждения, назначенного приговором Замоскво-*

рецкого районного суда. Я вас прошу, давайте по представлению говорить.

Я говорю по представлению, ваша честь. Это мое мнение. Я свое мнение относительно представления высказываю в полном соответствии с законом. И то, что представитель обвинения пытается меня перебивать на каждом слове и закрывать мне рот, тоже отлично характеризует все происходящее. Потому что то, что я говорю, имеет прямое отношение к происходящему здесь. Ну так вот — продолжим.

Я нанес смертельную обиду тем, что выжил благодаря хорошим людям, пилотам и врачам. Потом я еще сильнее его обидел тем, что, выжив, я не спрятался, живя где-то под охраной в каком-то бункере поменьше, который я мог бы себе позволить. А потом случилось вообще страшное. Мало того, что я выжил; мало того, что я не испугался и не спрятался, — я участвовал еще и в расследовании своего собственного отравления, и мы показали и доказали, что именно Путин, используя Федеральную службу безопасности, осуществил покушение на убийство. И не я один был такой, сейчас это многие знают и еще узнают, и это сводит с ума маленького вороватого человечка в бункере. Вот именно этот факт, то, что все вскрылось, понимаете? Нет никаких рейтингов, нет никакой огромной поддержки — ничего этого нет, потому что выяснилось: для того, чтобы совладать с политическим оппонентом, у которого нет ни телевидения, ни политической партии, нужно просто попытаться его убить химическим оружием. Конечно, он просто сходит с ума, потому что все убедились, что он просто чиновничек, которого случайным образом поставили на президентский пост, который никогда не участвовал ни в дебатах, ни в выборах, и это единственный метод его борьбы — пытаться убить людей.

И сколько бы он ни изображал из себя великого геополитика, какого-то великого мирового лидера, его главная обида в отношении меня теперь заключается в том, что в историю он войдет именно как отравитель. Знаете, был Александр Освободитель или Ярослав Мудрый, и будет у нас Владимир Отравитель Трусов. Именно так он войдет в историю.

Смех. Попытки перебить Навального.

Ваша честь, это же имеет прямое отношение! Я здесь, стою на этом месте, меня охраняет полиция, Росгвардия появилась, половина Москвы оцеплена именно потому, что маленький человечек в бункере сходит с ума оттого, что мы доказали и показали, что он не геополитикой занимается, а проводит совещание, на котором решает воровать у политиков-оппонентов трусы, мазать их химическим оружием и пытаться их убить.

Главное в этом процессе даже не то, чем он закончится для меня, посадят меня или не посадят. Посадить меня несложно — по этому или другому делу. Главное, для чего это происходит, — чтобы запугать огромное количество людей. Это же так работает: одного сажают, чтобы испугать миллионы. У нас 20 миллионов человек за чертой бедности, у нас десятки миллионов живут, не имея ни малейших перспектив. У нас десятки миллионов людей относятся именно к тем, про кого мы каждый день говорим: в Москве жизнь еще более-менее, а отъедьте за 100 километров — там вообще просто полный швах. И у нас вся страна живет в этом полном швахе, не имея ни малейших перспектив, получая 20 тысяч рублей. И они все молчат, и их пытаются заткнуть вот ровно такими показательными процессами. Посадить вот этого, чтобы испугать миллионы. Кто-то вышел на улицу — посадить еще пять человек, чтобы испугать 15 миллионов.

Главное, что я хочу сказать: этот процесс, я очень надеюсь, не будет воспринят людьми как сигнал того, что они должны больше бояться. Это же не демонстрация силы, вот это все — Росгвардия, эта клетка. Это же демонстрация слабости. Просто слабости. Миллионы и сотни тысяч посадить нельзя, и я очень надеюсь, что люди будут все больше и больше осознавать это. И когда они осознают — а такой момент придет, — все это рассыплется. Потому что вы не посадите всю страну. Всех этих людей, которых лишили перспектив, лишили будущего, которые живут в богатейшей стране и получают ноль от национальных богатств. Ноль получают все остальные! Мы только по количеству миллиардеров растем, а все остальное падает, понимаете? Я сижу в своей камере и слышу по репортажам, как подорожало масло, подорожали макароны, подорожали яйца. 2021 год, страна — экспортер нефти и газа, а у нас вся страна говорит о том, что макароны подорожали и мы жить больше не можем! Вы этих людей лишили перспектив, и вы этих людей пытаетесь запугать. Я призываю всех не бояться. Вся эта власть основана ровно на этом.

Судья Репникова: Давайте вернемся к нашему представлению.

Я не просто вернусь — я уже прямо там нахожусь, я в центральной части этого нахожусь. Вы говорите, что я ничего не сказал по поводу представления —

Судья Репникова: Давайте вернемся к нашему процессу.

— вот это вот все — представление и есть. И все, что я говорю, — это мое отношение к представлению, которое вы устроили.

Бывает такое, когда беззаконие и произвол являются сутью политической системы, и это ужасно. Но бывает еще хуже: когда беззаконие и произвол наряжают себя в мундир прокурора или судейскую мантию. И в этом случае долг каждого человека — не подчиняться тем законам, которые обряжены в эти мантии. За вами, внутри вас — произвол и беззаконие, и долг каждого человека — не подчиняться вам, не подчиняться таким законам. Я призываю —

Судья Репникова: У нас сейчас не митинг, давайте вернемся к нашему представлению. Не будем политикой заниматься.

Не перебивайте меня, пожалуйста.

(В дальнейшем судья Репникова постоянно, но безуспешно пытается перебить Навального.)

Как же мы можем не заниматься политикой?! У меня сложилось мнение относительно этого представления, и я вам его высказываю. Другого мнения у меня нет, и будьте добры меня выслушать. Еще раз хочу сказать: когда произвол и беззаконие оделись в ваши мундиры и изображают из себя закон, долг каждого честного человека — не подчиняться вам и бороться с вами всеми силами. И я, как могу, борюсь и буду продолжать это делать. Хотя с учетом того, что сейчас я, конечно, полностью оказался под контролем людей, которые обожают все намазывать химическим оружием, наверное, за мою жизнь никто не даст и три копейки. Но тем не менее даже сейчас, даже со своего места я говорю, что я буду с вами бороться, и призываю всех остальных не бояться вас и делать все, чтобы восторжествовал закон, а не ряженые в мундирах и мантиях. И я приветствую всех тех, кто борется и не боится, всех честных людей. Я приветствую и благодарю сотрудников ФБК, которые тоже сидят под арестом, и всех остальных по всей стране, кто не боится и выходит на улицы, потому что у них есть такие же права, как у вас. Потому что наша страна принадлежит им в той же самой степени, как и вам, как и всем остальным. Мы такие же граждане, и мы требуем нормального правосудия, нормального отношения к нам, участия в выборах, участия в распределении национальных богатств. Да, мы всего этого требуем!

И я хочу сказать: В России сейчас много хороших вещей. А самая хорошая вещь — это вот те самые люди, которые не боятся, которые не опускают глаза, которые не смотрят в стол и никогда не отдадут нашу страну кучке продажных чиновников, решивших обменять нашу Родину на свои дворцы, виноградники и аквадискотеки.

Я требую немедленной свободы для себя и для других арестованных. Я не признаю это представление. Оно полностью лживо, оно не соответствует закону. И я требую своего немедленного освобождения. »

«РОССИЯ БУДЕТ СЧАСТЛИВОЙ!»

Суд над Алексеем Навальным по обвинению в нарушении условий испытательного срока по делу «Ив Роше». Апелляционное заседание, Московский городской суд, 20 февраля 2021.

« Так часто я выступаю с последним словом! Вот и сейчас наше заседание закончится, а потом — следующий суд и там тоже последнее слово. Наверное, если кто-то захочет издать мои последние слова, то получится довольно толстая книжка. И мне кажется, в этом тоже есть какой-то такой своеобразный сигнал, который посылает мне вся эта власть в целом и владелец замечательного дворца Владимир Путин: „Ну, все это выглядит странно, но мы так можем, смотри. Можем так сделать".

Он как жонглер или фокусник в суде, вот он мячик крутит сначала на этом пальце, потом на этом пальце, потом на ноге, потом на голове. И они говорят: „Смотри, мы можем вот эту судебную систему крутить на любой части тела. Куда ты против нас лезешь? Мы можем все что угодно сделать, вот смотри, вот прямо так". Но, если честно, мне кажется, что такая вот их бравада … Ну то есть сделать-то они со мной, конечно, могут, и делают, но вижу-то это не я один, а обычные люди, которые смотрят на это — на них это тяжелое впечатление производит. Потому что каждый же думает: „Ага, а если я столкнусь с судебной системой? А какие у меня шансы здесь чего-то добиться?"

Но, тем не менее, последнее слово — значит нужно говорить последнее слово. Я уже не знаю, о чем поговорить, ваша честь. Хотите с вами поговорю о Боге и о спасении? Выкручу, так сказать, ручку пафоса на максимум. Дело в том, что я верующий человек, что скорее служит предметом постоянных насмешек в Фонде борьбы с коррупцией и вокруг меня, потому что там в основном люди атеисты, я сам был довольно воинствующим. Но вот сейчас я человек верующий, и мне это сильно помогает на самом деле в моей деятельности, потому что все становится гораздо проще. Я меньше раздумываю, меньше дилемм в моей жизни — потому что есть книжка, в которой более-менее четко написано, что нужно делать в каждой ситуации. Не всегда, конечно, легко следовать этой книжке, но в общем-то я стараюсь. И поэтому, как я уже сказал, мне легче, наверное, чем многим другим, заниматься политикой в России.

Мне недавно пишет человек: „Навальный, а что тебе все пишут „держись, не сдавайся, терпи, сожми зубы?" А чего тебе терпеть-то? Ты же вроде в интервью говорил, что в Бога веришь. А сказано ведь: „Блаженны жаждущие и алчущие правды, ибо они насытятся. Ну так вот и отлично тебе, значит!" И я подумал — надо же, как человек хорошо меня понимает! Потому что не то чтобы мне отлично, но вот эту конкретную заповедь я всегда воспринимал как такую инструкцию к деятельности. И поэтому, безусловно, не очень наслаждаясь тем местом, где я нахожусь, тем не менее, я не испытываю никаких сожалений о том, что я вернулся, о том, что я делаю. Потому что я сделал все правильно. Наоборот, я испытываю такое удовлетворение, что ли. Потому что в какой-то сложный момент я делал как положено „по инструкции“ и заповедь не предал.

И важная вещь. Безусловно, для современного человека вся эта заповедь — „блаженные, жаждущие, алчущие правды, ибо они насытятся“ — звучит очень напыщенно. Странновато, честно говоря. Люди, которые говорят такие вещи, предполагаются, откровенно говоря, сумасшедшими. Сумасшедшие странные люди сидят с всклокоченными волосами в своей камере и пытаются себя подбодрить чем-то, хотя, конечно, они одиноки, они одиночки, они никому не нужны. И это важнейшая вещь, которую власть — вся наша система — пытается сказать таким людям: „Ты одинок, ты одиночка“.

Сначала важно запугать, а потом показать, что ты один. Потому что какие нормальные адекватные люди придерживаются какой-то там заповеди? И вот это вещь про одиночество очень важна. Она очень важна как цель власти. Отлично, кстати говоря, по этому поводу сказала одна замечательная философов по имени Полумна Лавгуд. Помните, такая была в „Гарри Поттере“? И разговаривая с Гарри Поттером в какие-то там сложные времена, она ему сказала: „Важно не чувствовать себя одиноким. Потому что, конечно, на месте Волан-де-Морта я бы очень хотела, чтобы ты чувствовал себя одиноким.“ Безусловно, конечно, наш Волан-де-Морт во дворце тоже этого хочет.

Знаете, вот конвой — замечательные ребята. И в моей тюрьме тоже нормальные, но они со мной не разговаривают — им запретили со мной говорить, видимо. Они говорят иногда дежурные фразы. Это такая важная вещь тоже, чтобы ты постоянно чувствовал себя одиноким. Но я совершенно не чувствую. И я объясню, почему. Потому что эта конструкция — „блаженны алчущие и жаждущие правды, ибо они насытятся“ — она кажется какой-то экзотической, странноватой, но на самом деле это главная политическая идея, которая сейчас есть в России. Вот, ваша честь, какая существует в России фраза, формулировка, самая популярная политическая вообще, какой самый популярный лозунг в России? Помогите-мне, пожалуйста. В чем сила? [Пауза.] Правильно. Сила в правде. Вот эта фраза, которую повторяют все. Это же оно и есть. Это и есть эта заповедь блаженства только без всяких „ибо“ и „алчущих“ — она просто сжата до размеров твиттера. Но по сути — оно и есть. И вся страна на все лады повторяет, что сила в правде. За кем правда — тот и победит.

И это очень важно, несмотря на то, что страна наша сейчас, конечно, построена на несправедливости, и мы постоянно сталкиваемся с несправедливостью. Мы видим худший вид несправедливости — это несправедливость вооруженная. Но тем не менее, мы видим, что одновременно с этим миллионы людей, десятки миллионов людей хотят правды. Они хотят добиться правды, и рано или поздно они ее добьются. Они насытятся. Потому что всем же очевидно — ну вот есть дворец. И можешь говорить, что он не твой или его нет, но он есть. И есть вот эти нищие люди. Ты можешь говорить сколько угодно, что у нас высокий уровень жизни, но страна бедна, и это видно всем. А они должны быть богатые! Вот нефтепровод построили, деньги зарабатывают, а денег нет. И это правда, и против нее не попрешь. И рано или поздно эти люди, которые хотят правды, они добьются своего, они насытятся.

И важная вещь, которую я хочу вам сказать, и прокурору, вообще всей власти и всем людям — что важно не бояться этих людей. И не бояться тех, кто добивается правды. Многие же опасаются — боже мой, что будет, будет революция, какие-то кошмары, из этой серии. Но подумайте сами, как хороша была бы жизнь без постоянного вранья, без этой лжи. Эта возможность не врать — это же просто восхитительная ситуация. Подумайте сами, как было бы классно — работать судьей, и что вообще нет никакого „телефонного права", никто тебе не звонит. И ты просто такой классный судья с большой зарплатой, то есть больше, чем у вас сейчас, ты уважаемый столп общества. И никто не может тебе никуда позвонить, никто не может дать тебе указание, как решать дела. И ты приходишь к своим детям и внукам и рассказываешь, что да, ты реально независимый судья, и все остальные судьи абсолютно независимые. Классно же было бы! Просто было бы отлично.

Классно ведь было бы быть прокурором, который на самом деле выступает в состязательной системе, ведет интересную такую юридическую игру, защищает кого-то или осуждает реальных злодеев. И вряд ли, я думаю, что люди поступали на юридический факультет и становились прокурорами, чтобы потом участвовать в фабрикации уголовных дел, и подделывать за кого-то подписи. Я не верю, что для этого люди хотят стать прокурорами. Я не верю, что люди хотят стать полицейскими, чтобы потом рассказывать „как классно мы там, типа, на митинге кому-то там раскроили голову“ или „вот мы там конвоировали чувака, а он невиновный, мы слушали его бесконечное последнее слово“. Никто не хочет этого. Никто не хочет быть таким. Все хотят быть нормальным полицейским, потому что от этого вранья одни минусы, плюсов-то никаких нет, даже зарплату больше не платят. Минусы есть, а плюсов нет.

И так для всех. А бизнес, вот бизнесмены. И не будет бизнес в стране стоить в два раза дешевле, потому что нет судебной системы, потому что несправедливость, потому что это бардак, нищета. И, конечно, всем было бы гораздо лучше, если бы этого вранья и несправедливости не было. Было бы гораздо лучше, если бы те люди, которые хотят правды, добились бы этой правды. ФСБшники — ну то же самое. Никто, ни один человек на свете не был школьником с горящими глазами, который говорил: „Пойду в ФСБ, и меня там будут отправлять, чтобы я стирал трусы оппозиционера, потому что кто-то их намазал ядом“. Нет таких людей. Никто не хочет этого делать. Все хотят быть какими-то нормальными, уважаемыми людьми, ловить террористов, бандитов, шпионов, бороться с этим всем.

И это очень важно — просто не бояться людей, которые добиваются правды, а, может быть, даже как-то их поддержать: прямо, косвенно. Или, может быть, даже не поддержать, а хотя бы не способствовать этой лжи, не способствовать этому вранью, не делать мир хуже вокруг себя. В этом есть, конечно, небольшой риск. Но, во-первых, он небольшой, а во-вторых, как сказал другой выдающийся философ современности по имени Рик Санчез: „Жизнь — это риск. А если ты не рискуешь, значит, ты — просто вялая кучка молекул, собранных беспорядочно и плывущих по течению Вселенной“.

Последнее, что хочу сказать. Мне приходит сейчас куча писем, и каждое второе письмо заканчивается фразой „Россия будет свободной“. И это классный лозунг. Я его тоже постоянно говорю, повторяю, пишу в ответ, скандирую на митингах, но я постоянно думаю, что чего-то мне не хватает. Вот я хочу, конечно, чтобы Россия была свободной, но. Это необходимо, но недостаточно. Это не может являться целью самой по себе. Я хочу, чтобы Россия была богатой, что соответствует ее национальным богатствам. Я хочу, чтобы эти национальные богатства справедливее распределялись, чтобы все получали какую-то свою долю от нефтяного и газового пирога. Я хочу, чтобы мы были не только свободными, но и, знаете, с нормальным здравоохранением. Чтобы мужчины доживали до пенсионного возраста, потому что сейчас у половины мужчин в России этого не получается сделать. Да и у женщин не намного лучше. Я хочу, чтобы образование было нормальным, и люди могли нормально учиться. Я, конечно, хотел бы, чтобы за одну и ту же работу в России мы получали такую же зарплату, как в средней европейской стране, потому что сейчас люди получают гораздо меньше. Любой — полицейский, программист, журналист, кто угодно — все получают гораздо меньше.

Я хотел бы, чтобы много других вещей случилось в нашей стране. И поэтому нужно же бороться не только с тем, что Россия несвободная, а с тем, что в целом она по всем направлениям несчастная. У нас все есть, но, тем не менее, мы какая-то несчастная страна. Русскую литературу откройте, великую русскую литературу, и вы будете поражены — да боже мой, одни описания несчастий и страданий. Мы очень несчастная страна. Мы в круге несчастий и не можем из него вырваться. А, конечно, хочется. И поэтому лозунг я предлагаю изменить — мало того, что Россия должна быть свободной, но и Россия должна быть счастливой. Россия будет счастливой! У меня все. »

«ВЫ ИСПОЛЬЗУЕТЕ ПРОШЛОЕ, ПОТОМУ ЧТО ВАМ НЕ ХОЧЕТСЯ ГОВОРИТЬ ПРО НАСТОЯЩЕЕ»

Суд над Алексеем Навальным по обвинению в клевете в адрес ветерана. Бабушкинский районный суд города Москвы, 20 февраля 2021

« Ужасно смешно, что снова последнее слово. Весь день с утра до этого прокурор рассказывала, что я требую какой-то исключительности для себя. Мне кажется, то, что у человека может быть два последних слова в один день — это тоже какая-то исключительность, которой, впрочем, я для себя не требовал, но, тем не менее, она у меня есть.

Для последнего слова у меня есть бумажка, вот эта. Она довольно задрипанная, потому что я ее в кармане ношу каждый процесс. И когда я из СИЗО выхожу, меня обыскивают и каждый раз говорят: „Это что такое! Нельзя! Можно только материалы дела". А я говорю: „Это мой материал дела самый главный". Помните, в самом начале вы нам дали полчаса на ознакомление с материалами дела. Ну, я посмотрел — а что там смотреть-то: сфальсифицированные материалы, подделанные подписи … Единственная вещь, единственная страничка, которая меня интересовала. Я с нее сделал выписку, и потом в течение процесса я так вот ее из кармана доставал и украдкой смотрел; каждый раз в самые такие пафосные моменты, когда прокурорша изображала здесь слезы и надрывалась, говорила: „Ветераны — это наше все! Мы их так любим! Наше государство ради ветеранов и существует, и только такие, как вы, их оскорбляете …" Когда вы, ваша честь, говорили: „Не смейте, ветераны — это самое главное! Все в России для ветеранов!" И даже потом, когда в своей камере я телевизор включал … Как ни включишь — там рассказывали, что я оскорбил ветерана, ветераны, конечно — это самое важное, что есть в стране, и вся Россия опять же существует для ветеранов. И я снова доставал бумажку и смотрел на нее.

А этот листочек — справка из отдела социального обеспечения, и они там пишут, какую помощь они оказали ветерану Артеменко. И вот там справка за последние четыре года, и указано, что последний раз он получил продуктовый набор 06.07, а всего за четыре года он получал помощь семь раз. Три раза получил сертификаты на промтовары, один раз — набор продуктов, и три раза он получил сертификат на продукты, и, если я правильно посчитал, то общая стоимость этих сертификатов за четыре года — примерно 11 000 рублей. Вот и вся ваша забота, е-мое, о ветеранах, понимаете вы, лицемерные вы негодяи! Вот в этом и выражается все настоящее отношение к ветеранам, к пожилым людям, ко всем в этой стране.

Еще одна страница материалов дела — это состав следственной группы. 15 человек из разных регионов, 15 бездельников и охламонов свезли в Москву, дали им жилье, дали им командировочные и повышенные зарплаты для того, чтобы они расследовали это преступление. На это ушло больше денег, чем ветеран получил от государства помощи, наверное, за всю жизнь. Один день этого суда — посчитаете, сколько здесь стоит госслужащих — стоит гораздо, гораздо больше, чем ветеран, участник войны Артеменко, получил за последние четыре года помощи от государства, которое осмеливается заявлять о том, что оно заботится о ветеранах. Самое отвратительное, гнусное, омерзительное, что вот есть в этой власти — это то, что она существует для того, чтобы грабить вот этих людей, самых несчастных — этих ветеранов, этих пенсионеров. Они же источник этих денег!

Откуда дворцы эти берутся и ершики стоимостью по 50 тысяч рублей за штуку туалетные?! Мы знаем, что деньги не берутся из ниоткуда, они взяты оттуда: они украдены у ветеранов. Кого-то не долечили, кого-то не доучили, кому-то не купили инвалидное кресло, кому-то не дали лекарств — для того, чтобы построить дворец; для того, чтобы тещам Путина купить квартиры, для того, обеспечивать это все, чтобы у Медведева было четыре дворца. И каждому нужно дать, и чтобы дать, нужно у кого-то отнять. И они отнимают. Но для того, чтобы защитить свою возможность воровства, они используют тех, кого обокрали. Это и есть самое отвратительное. Вы сначала обкрадываете этого ветерана, а потом его же вытаскиваете, трясете им и говорите: „Мы будем у власти всегда, потому что мы его защищаем". Это просто реально чудовищно.

Вот здесь выступал такой чучундрик, который написал на меня заявление. И он сказал лучшую фразу за весь процесс: „Я смотрю этот ролик, и там человек пожилой, и видно, что он бедный. А значит, он пенсионер и ветеран". А чего он бедный-то? А почему в нашей стране это абсолютная ассоциация у любого „ветеран — значит, бедный"? Ветеран войны — значит очень старый и, скорее всего, нищий. Человек видит сразу, у него просто картинка совпадает: „Бедный — значит, ветеран". Так почему же, я не понимаю? Если это участник войны, и вы все надрывались и рассказывали, как вы их любите, как вы их защищаете, почему сразу с первого взгляда видно, что он бедный?! Почему, если мы возьмем страны всей антигитлеровской коалиции … Ладно, антигитлеровской коалиции, возьмем даже страны, которые проиграли войну: Италия, Япония, Германия. Значит, в России самая маленькая пенсия, и вы ее не хотите повышать. Я писал такой законопроект, чтобы повысить пенсию до уровня зарплаты солдата немецкого Бундесвера. Нет, нельзя повысить, потому что не хватит на дворец, потому что деньги не берутся ниоткуда.

Для того, чтобы в Геленджике или на южном берегу Франции возникали эти классные дома единороссов, нужно обокрасть кого-то. И, конечно, лучше всего, удобнее всего обокрасть ветерана или пенсионера. Наша власть, вы знаете, от Путина до „Единой России" и вот до вас всех, она превратилась в такую, знаете, огромную свинью, которая из корыта, наполненного деньгами, нефтедолларами, хлебает, засунув туда свою голову, а когда ей стучат под ухом и говорят: „Алле! Это же здесь для всех!" А вы голову засовываете и говорите: „Что? Не позволим оскорблять ветеранов!" — и обратно голову. И все говорят: „Может быть, хватит красть?" Вы снова свою эту вытаскиваете физиономию и говорите: „Что? Не позволим пересматривать итоги Второй мировой войны!"

Да какое вы, ваш Путин и ваша „Единая Россия" имеете вообще отношение к этой войне? Просто послушайте: „Мы победители", понимаете? Из окопов не вылезали.

Вы используете это, потому что вам не хочется говорить про настоящее. Вы используете это, потому что очень неловко обсуждать любую текущую проблему. Потому что с вами же, опять же, хотят поговорить про коррупцию, про бедность, про неравноправие, про развал здравоохранения, а сказать об этом нечего. И когда конкретные люди типа меня начинают задавать слишком острые вопросы, сразу возникает: „Про какой дворец? Какой там дворец, какой Димон, какой Путин? Давайте поговорим о том, как он оскорбил ветерана!" И ровно для этого придумали этот процесс. Потому что не хочется вам говорить ни о чем другом.

Вот здесь прокурор ... Один из самых, конечно, гадких моментов процесса — когда прокурор читала вот эти вот сфабрикованные показания. Ну все было понятно: десять страниц показаний. Они же, подумайте, сначала собрались и сказали: „Ну, нужны теперь показания, которые он будет читать в суде. Но дедушка старый, и уже, конечно, он говорить не может. Ну ладно, давай, черт с ним, возьмем его старые мемуары, подпишем за него". Посмеялись же еще над дедом: „А чего, дед старый, ему все равно". А потом она читала, делала паузы и, значит, изображала, что голос у нее дрожит.

А я вот хочу напомнить, например, о недавнем таком важном эпизоде в жизни нашей страны, о котором я упоминал в ходе этого процесса, но никогда о нем не поздно будет вспомнить еще раз. Когда в Краснодарском крае — под непосредственной крышей бывшего генпрокурора Чайки, который до сих пор работает в прокуратуре, и его окружения, которое до сих пор работает в руководстве прокуратуры — действовала банда Цапка, которая терроризировала целую станицу, насиловала школьниц, убивала людей. И потому что их крышевала прокуратура и суды, поймали их только после того, как они вырезали целую семью огромную, убили взрослых и детей, сложили их во дворе, подожгли — это официальные материалы дела, — а новорожденного ребенка живого бросили в этот костер. Понимаете? И про этот эпизод … Это все случилось, потому что за ними стояла прокуратура, за ними стояли суды, за ними стояла „Единая Россия". Это члены партии „Единая Россия" все делают. И этот эпизод, понимаете ли, не хотите зачитывать. И голос у вас не дрожит, хотя это самое настоящие фашистские преступления. Голос у вас не дрожит, а наоборот, очень гордым голосом вы говорите: „Хм, а кто последний в кассу?" И вы готовы обслуживать вот этого огромного хряка, который засунул свою морду в общие нефтедоллары, потому что надеетесь, что вам перепадут какие-то крошки.

Я включаю телевизор и вижу репортаж, стыдный репортаж. Это же прямо показывают тот эпизод, когда, значит, ветеран узнал о том, что его оскорбил Навальный, и ему стало плохо. И так случилось удивительным образом, что в этот момент, конечно, дома у ветерана была съемочная группа, которая снимает его камерой. Лежит этот человек — и это показывают, я вижу, по телевизору, — он лежит в трусах на одеяле, рядом внук стоит, и в глазах его счастье, и он доволен, и у него прямо на лице написано: „Боже мой, я наконец-то монетизировал деда. Получилось. Он снова оказался полезен нашей семье". Все счастливые, камеры снимают, за камерой, наверное, стоит Маргарита Симоньян, которая говорит: „Давай, дед, не рыпайся, лежи". А этот 95-летний человек лежит в трусах на одеяле, и у него на лице написано: „Что вообще происходит? Почему они это все делают?" А они: „Ну, нормально! Нормально, так трогательнее получится!"

Вы всем этим процессом, цель которого понятна совершенно, вы реально унизили и оскорбили вот этих всех ветеранов в десять раз вообще хуже, чем вы все делали до этого. Вы реально унижали достоинство, использовали человека как куклу, абсолютную куклу ... Он то „хочет выступать", то „не хочет выступать". Да вы просто открыто подписываетесь за него. То есть он в вашем представлении вообще не человек. Ну вы понимаете, живой человек, дееспособный — как же можно взять и за человека взять и подписать десять разных заявлений просто разным почерком? Потому что для вас он вообще не человек. Для вас и для вашей власти это просто механизм, кукла, которую вы хотите использовать для себя.

Я начал с этого свое выступление в первый день и продолжу: да, я, безусловно, считаю, что за это за все вы будете гореть в аду. Вы люди более-менее молодые, и я надеюсь, вы не только в аду будете гореть, но еще и ответите перед нормальным человеческим судом за то, что вы сделали. Я понимаю, что вы устроили. Один суд, вступило в силу решение суда, сейчас другой суд, просто для того, чтобы вечером сказать: „Навальный сидит не потому, что скрывался от следствия, а потому, что оскорбил ветерана“. И вы будете дальше ездить, что называется, по ушам телезрителей всякой своей ерундой. И ваш замысел понятен, и, безусловно, какое-то количество вашей телепублики вы обманете, но я уверен и знаю, что ваш план не сработает.

Огромное количество людей, которые следят за этим процессом, — они же видят, как это все происходит. Им так же противно и тошно, как и мне, потому что они, в отличие от вас, считают ветеранов, пенсионеров, да кого угодно — людьми. Нормальными людьми, над которыми нельзя издеваться, которых нельзя сначала притаскивать для участия в ваших гадких роликах, потом за них нельзя подписываться, подделывать заявления, нельзя их вот так вот снимать в беспомощном состоянии. И то, что вы задумали, я уверен, у вас не получится. И так или иначе правда возьмет свое. И каждый ответит по заслугам. »

2 февраля 2021 года условный срок Алексея Навального по делу «Ив Роше» был заменен на три с половиной года в колонии общего режима. К условному сроку Навальный был изначально приговорен в 2014 году. В 2017 году Европейский суд по правам человека признал этот приговор российского суда противоречащим правам человека и установил нарушения права на справедливое судебное разбирательство и принципов законности. Приговор был назвал «произвольным» и «сфабрикованным».

Рассмотрение апелляции 20 февраля 2021 года не принесло никаких изменений, за исключением зачета уже отбытого срока.

Европейский суд по правам человека потребовал безотлагательного освобождения Алексея Навального посредством немедленно вступающего в силу постановления от 17 февраля 2021 года. С начала марта 2021 года Навальный находится в исправительной колонии в Покрове. В знак протеста против отсутствия медицинской помощи он объявил голодовку в конце марта. 20 апреля 2021 года он был осмотрен внешними врачами в связи с критическим состоянием здоровья; с 23 апреля он снова начал принимать пищу.